Simon Peng-Keller

Vom Wunder heilsamer Gegenwart

D1722073

Simon Peng-Keller

Vom Wunder heilsamer Gegenwart

Biblisches Erzählen vom Neuwerden

echter

Der Umwelt zuliebe verzichten wir bei unseren Büchern
auf Folienverpackung.

Bibliografische Information der Deutschen Nationalbibliothek

Die Deutsche Nationalbibliothek verzeichnet diese Publikation in der
Deutschen Nationalbibliografie; detaillierte bibliografische Daten sind
im Internet über ‹http://dnb.d-nb.de› abrufbar.

1. Auflage 2023
© 2023 Echter Verlag GmbH, Würzburg
www.echter.de

Umschlag: wunderlichundweigand.de
Umschlagbild: shutterstock.com, © Paul shuang
Innengestaltung: Crossmediabureau, Gerolzhofen
Druck und Bindung: Rudolph Druck, Schweinfurt

ISBN 978-3-429-05910-1

Inhalt

Vorwort

Heilungserfahrungen gehören zum lebendigen Kern des Christentums. Wer die Evangelien aufmerksam durchliest, erkennt: Sie sind voller Erzählungen, die davon berichten, wie Menschen in vielerlei Nöten Heilung erfahren. Das vorliegende Buch nähert sich diesen Erzählungen an, indem es sich von einer aktuellen Frage leiten lässt: Was und wie kann christliche Spiritualität zu therapeutischen Prozessen beitragen? Denn bei einer genauen Lektüre wird klar: Diese Erzählungen sind so angelegt, dass sie die heilsame Kraft, die sie bezeugen, an ihre Leserinnen und Leser weitergeben möchten.

Wir haben es mit Modellgeschichten zu tun, die dazu einladen, sich in ihnen wiederzufinden. Doch die inspirierende Kraft biblischer Heilungsgeschichten geht über das Exemplarische hinaus. Sie reinszenieren, wovon sie berichten: die Begegnung mit dem heilsamen LOGOS. Weil die Heilungen, von denen sie erzählen, in der unmittelbaren Begegnung mit dem bezeugten lebendigen WORT geschehen, können sie all jene erreichen, die diese Geschichten heute lesen und sich nahegehen lassen. Jesus heilt logotherapeutisch. Und durch das Erzählen, das dieses Wirken vergegenwärtigt, setzt es sich bis heute fort.

Was auf den folgenden Seiten zu lesen ist, verdankt sich einer Resonanzerfahrung, die mir immer wieder als Wunder vorkommt. Dass biblische Texte neu zu sprechen beginnen, wenn sie kontemplativ gelesen werden, war eine der Erfahrungen, die mich vor bald vier Jahrzehnten auf die Spur christlicher Spiritualität brachte. Das ebenso unscheinbare wie nachhaltige Sinnwunder solcher Resonanz ist, so meine ich, ein Schlüssel zu dem, was die neutestamentlichen Heilungserzählungen vergegenwärtigen. Sind sie doch darauf angelegt, Staunen zu erwecken. Dies zu beachten, ist gerade dort bedeutsam, wo sie aktualisierend gelesen werden. Würde das Wunderbare und Staunenswerte auf den heutigen therapeutischen Wissensstand reduziert werden, ginge ihre geheimnisvolle Kraft verloren. Der utopische Zug, der ihnen eignet, verweist nicht in die Vergangenheit oder Zukunft, sondern auf das „Dunkel des gelebten Augenblicks" (Ernst Bloch), in dem sich unser Leben ereignet und sich fortwährend neu ausformt. In dieser Gegenwart begegnet, berührt und umfängt uns jene Präsenz, die sich selbst in diesen Erzählungen vergegenwärtigt.

Einleitung

Vom Heilen ist in biblischen Texten oft und in vielfältiger Weise die Rede. Umschrieben wird es mit unterschiedlichen Worten. In der griechischen Urfassung stoßen wir oft auf das bedeutungsreiche Wort *therapeuein*. Es umfasst nicht allein vielfältige Formen des Heilens und Pflegens, sondern, auf einer noch grundlegenderen Ebene, die sorgende Zuwendung zu leidenden Menschen. Wer neutestamentliche Heilungsgeschichten zu erschließen sucht, sollte sich gleich zu Beginn von der verbreiteten Vorstellung lösen, es handle sich dabei um Berichte von kurativen Erfolgen, die am Ende nur eine Pointe haben: die göttliche Autorität dieses Heilers herauszustreichen. Eine solche Deutung übersieht die Vielschichtigkeit dessen, was erzählt wird.

Das vorliegende Buch wählt einen anderen Zugang: Es deutet die neutestamentlichen Heilungsgeschichten als erzählerische Entfaltung des christlichen Heilungsauftrags. Übereinstimmend halten Markus, Matthäus und Lukas fest, dass die Jünger mit einer doppelten Aufgabe betraut werden. Zum einen sollen sie Gottes Nähe verkünden, zum anderen sich um kranke Menschen kümmern und sie heilen (Lk 9,1–2). Dieser Auftrag gehört zu den frühesten neutestamentlichen Überlieferungen; er ist auf Jesus selbst zurückzuführen. Die Evangelisten stellen heraus, dass es sich dabei um ein zentrales Element christlicher Sendung handelt. Auch der symbolisch auf alle Völker erweiterte Kreis erhält diesen Auftrag (Lk 10,9).

Versteht man die neutestamentlichen Heilungserzählungen im Licht dieses Heilungsauftrags, wird klar, weshalb sie von einem auffällig breiten Spektrum an Krankheit und Behinderung berichten. In ihnen wird exemplarisch ausgelotet, was geschieht, wenn Leidende aller Art in Berührung mit dem Auferstandenen kommen. Die neutestamentlichen Heilungsgeschichten bieten eine reiche Matrix, einen stoffhaltiger Fundort für Lebens- und therapeutische Handlungsmöglichkeiten. Wer sich lesend und hörend in diesen vielschichtigen Erzählungen zu erkennen sucht, kann sich in ihnen nicht selten in mehreren Positionen wiederfinden: in jener der Heilungsbedürftigen ebenso wie in der Rolle jener, die in sich die Berufung wahrnehmen, sich am christlichen Heilungsauftrag zu beteiligen.[1]

Wie angedeutet, begannen biblische Texte zu mir zu sprechen, als ich anfing, sie kontemplativ zu lesen. Eine solche Lektüre ist einfach und schwierig zugleich. Schwierig ist sie, weil wir unter den Bedingungen digitaler Kommunikation gewohnt sind, schnell zu lesen. Es bedeutet, Schrifttexte langsam und verweilend zu lesen, in geduldiger Wiederholung jedes Wort zu verkosten und innere Bilder entstehen zu lassen. So kann das bereits erwähnte Resonanzgeschehen in Gang kommen, in dem sich die Welt des Textes und die Lebenswelt der Lesenden miteinander verweben, sich gegenseitig erhellen. Dabei treten nicht selten Sinndimensionen hervor, die gewöhnlich wenig Beachtung finden. So trägt etwa eine kontemplative Lektüre dazu bei, besser zu verstehen, weshalb

Jesus vorzugsweise am Sabbat heilte, obwohl ihn dies in Konflikte brachte.

Eine kontemplative Lektüre ist einem bestimmten Schriftverständnis verpflichtet. Die Schrift wird als Medium göttlicher Präsenz verstanden: als eine Leiter, die vom Schriftwort in die Gegenwart des lebendigen WORTES führt. Die hier vorgelegten Auslegungen sind eine Einladung, diesen Zugang selbst zu erproben: sich in einer kontemplativen Haltung auf die biblischen Heilungserzählungen einzulassen und sich überraschen zu lassen, was sich uns dadurch eröffnet und was mit uns dabei geschieht.

Wenn dieses Buch weitgehend der Darstellung des Markusevangeliums folgt, so ist dies von der Überzeugung geleitet, dass dieses ein Gesamtbild zeichnet, das erst sichtbar wird, wenn man die von ihm erzählten Heilungsgeschichten in einer Zusammenschau liest und deutet. Der Evangelist vergegenwärtigt einerseits Heilungsprozesse, welche das öffentliche Wirken Jesu charakterisierten und christliches Handeln kennzeichnen sollten; und andererseits ist das Erzählen selbst (ebenso wie das mit ihm verflochtene und von ihm geweckte Erinnern, Bezeugen und Imaginieren) mit dem Heilwerden verflochten und trägt zu ihm bei. So erzählt die Frau, die unter Blutungen litt, Jesus die ganze Wahrheit ihres Lebens (Mk 5,33). Weil das Erzählen selbst ein zentrales Moment des Heilwerdens darstellt, werden auch diejenigen, die sich auf diese Erzählungen einlassen, in das Geschehen hineingenommen, das sie vergegenwärtigen: als Heilungsbedürftige, die zum lebensgeschichtlichen Erinnern und Erzählen angestiftet werden, ebenso wie als Menschen, die ermutigt werden, persönliche und gesellschaftliche Heilungsprozesse in geistbestimmter Weise zu unterstützen.

Die Heilungen, die Markus uns vor Augen führt, bilden eine Bewegung, die im Nahbereich einsetzt und sich dann sprunghaft weitet. Die Sammlungsbewegung, die Jesus in Kafarnaum initiiert, macht ihn – man hat den Eindruck: ungeplant – zu jemandem, der als Heiler wahrgenommen und aufgesucht wird. Seine therapeutische Berufung anzunehmen und ihr zu entsprechen, bedeutet einen Lernprozess, der im Gespräch mit der Syrophönizierin besonders deutlich ans Licht tritt (Mk 7,24–30). Jede Heilung ist ein Suchprozess, ein Ringen um eine Wende, die nicht aktiv herbeigeführt werden kann und die den Heiler einbezieht, ihn bisweilen selbst zur Umkehr nötigt (Lk 5,30). Wo sich dies ereignet, finden Menschen in eine Gemeinschaft hinein, von der sie bisher nicht einmal wussten, dass sie überhaupt existiert. Wenn Markus das therapeutische Wirken Jesu schließlich in zwei Blindenheilungen münden lässt, deutet er einen Zielpunkt an, auf welchen alle Heilungen hinauslaufen: die Begegnung mit einer Wirklichkeit, die menschliches Leben aus einem dunklen, in sich verschlossenen Raum herausführt – in eine Helligkeit hinein, die alle Lebensdimensionen durchdringt.

Die eingeschobenen Unterkapitel sollen zu einer verweilenden Lektüre beitragen. Sie unterbrechen den Prozess des Auslegens und möchten dadurch die Gelegenheit eröffnen, einen Schritt zurückzutreten und das Erzählte mit gegenwärtigen Erfahrungen zu verknüpfen. In diesen Zwischenkapiteln öffnet sich nicht zuletzt ein Raum zum Weitererzählen. Je intensiver man sich auf die biblischen Erzählungen einlässt, desto mehr Erinnerungen, Bilder und Imaginationen stellen sich ein. Sie formieren sich zu Leidens- und Heilungsgeschichten, die erzählt und bezeugt werden wollen. Handelt es sich doch um einen bunten und nährstoffreichen Erzählstrom, der in jeder Generation durch weitere Geschichten angereichert wird.

1 Auftakt:
Heilende Räume und Zeiten

Kaum tritt Jesus öffentlich auf, wird er als Heiler in Anspruch genommen. Die beiden ersten Heilungen, von denen Markus erzählt, bilden eine Matrix für alle weiteren. Wir erfahren, was wir von diesem Heiler erwarten dürfen, welche Formen von Leiden in seiner Praxis geheilt werden. Und ebenso werden wir über die therapeutischen Rahmenbedingungen informiert, über die heilenden Räume und Zeiten.

Therapeutische Kommunikation (Mk 1,21–28)

Schlägt man das erste Kapitel des Markusevangeliums auf, tritt eine sich sprunghaft entwickelnde Bewegung vor Augen. Was sie dynamisiert, ist die Sehnsucht nach Heilung. Der Neuankömmling aus Nazareth, der sich plötzlich in der Rolle des Heilers wiederfindet, zieht die Aufmerksamkeit jener auf sich, die bislang erfolglos nach Heilung gesucht haben. Folgt man der Erzählung, ist das Geheimnis seiner Wirksamkeit in ihm selbst zu suchen, nicht in einer neuen therapeutischen Methode. Allerdings schreibt er selbst die Heilung dem Glauben der Geheilten zu. Wem soll man glauben? Klar ist: Heilung geschieht in der Begegnung und ermöglicht diese. Das zeigt sich schon in der ersten Heilung.

Mk 1,21 [Jesus und seine ersten Jünger] kamen nach Kafarnaum. Am folgenden Sabbat ging er in die Synagoge und lehrte. 22 Und die Menschen waren voll Staunen über seine Lehre; denn er lehrte sie wie einer, der Vollmacht hat, nicht wie die Schriftgelehrten. 23 In ihrer Synagoge war ein Mensch, der von einem unreinen Geist besessen war. Der begann zu schreien: 24 Was haben wir mit dir zu tun, Jesus von Nazaret? Bist du gekommen, um uns ins Verderben zu stürzen? Ich weiß, wer du bist: der Heilige Gottes. 25 Da drohte ihm Jesus: Schweig und verlass ihn! 26 Der unreine Geist zerrte den Mann hin und her und verließ ihn mit lautem Geschrei. 27 Da erschraken alle und einer fragte den andern: Was ist das? Eine neue Lehre mit Vollmacht: Sogar die unreinen Geister gehorchen seinem Befehl. 28 Und sein Ruf verbreitete sich rasch im ganzen Gebiet von Galiläa.

Wer das Markusevangelium liest, dem ergeht es ähnlich wie jenen, die an diesem Sabbat in der Synagoge zusammenkommen. Sie haben von diesem Wanderprediger schon einiges vernommen und sind gespannt auf die Worte, die er zu ihnen sprechen wird. Sie laden ihn ein, die Tageslesungen zu kommentieren. Wie kommt er dieser Aufforderung nach? Der Text verrät es uns nicht. Der Inhalt tritt zurück hinter die Resonanz, die der fremde Prediger auslöst. Während er spricht, merken die Anwesenden auf. Unversehens werden sie in ein Geschehen hineingezogen, das ihre Wahrnehmung verändert, sie öffnet und etwas Unerhörtes erahnen lässt. Unter den Zuhörenden können die Lesenden sich selbst entdecken: im Wunder, das geschieht, wenn das, wovon erzählt wird, sie erreicht. Selbst disharmonische Resonanz ist aufschlussreich.

Auch davon erzählt diese Geschichte. In das Erstaunen mischt sich Widerspruch. Das Gebot höflicher Zurückhaltung wird durchbrochen. Eruptiv manifestiert sich, was sich hinter den freundlichen Gepflogenheiten versteckt. Es bricht aus einem Mann hervor, dem nachgesagt wird, er sei besessen. Markus kann die damit bezeichnete seelische Belastung auch ohne dämonologisches Vokabular beschreiben: als krankmachende Macht negativer Gedanken (Mk 7,20–23). Damit wird unsere Aufmerksamkeit auf eine Not gelenkt, die in der sprachlichen Natur des Menschen begründet ist: das Leiden an belastenden Gedanken und inneren Stimmen, die Menschen wegtreiben von sich selbst. Gleich zu Beginn verrät uns Markus den inneren Zusammenhang zwischen dem, was in der Geschichte, die hier anhebt, zunehmend auseinandergetreten ist: Verkündigung und Heilung. Indem die Worte, mit denen der fremde Prediger die Schrift auslegt, negative Gedanken ans Licht bringen, setzen sie therapeutische Prozesse in Gang.

Nicht zufällig geschieht dies in einem Gebetsraum. Wir haben es mit Kräften und Mächten zu tun, die in Zeiten des Gebets, der Meditation und der Kontemplation besonders deutlich wahrnehmbar werden. Im „Stimmenhörer"[2], der herausschreit, was ihn bedrängt, stoßen wir auf eine Intensivform eines vertrauten Phänomens: auf das Stimmengewirr, das laut wird, wenn Menschen sich angegriffen fühlen. Der fremde Schriftausleger erscheint dem Mann, der in der Synagoge einen Schutzraum gefunden hat, als bedrohlich. Was die gut Gepolsterten aus sicherer Distanz bewundern, kommt ihm zu nahe, bringt seine labile Ordnung durcheinander.

Die Erzählung erinnert mich an einen Pfingstgottesdienst, der vor einigen Jahren in einer Zürcher Stadtkirche gefeiert wurde. Zum Abschluss spielte der Organist das Stück *Ausgang: Der Wind des Geistes* aus Olivier Messiaens *Messe de la Pentecôte*. Die gewaltige Klangwelt, die durch Apg 2,2 inspiriert ist, stieß im Kirchenschiff auf unterschiedliche Resonanz. Nicht wenige Anwesende lauschten versunken den Klängen des 1950 komponierten Stücks, andere machten sich auf den Heimweg, und ein Gottesdienstteilnehmer, der unter einer chronischen psychischen Belastung litt, schritt zur Tat. Messiaens Musik hatte ihn schon während des ganzen Gottesdiensts in große Spannung versetzt. Nun wurde es ihm zu viel. Er stürmte auf die Empore und bereitete dem Orgelspiel ein jähes Ende. Dem Pfarrer gegenüber, dem er wenig später den Orgelschlüssel überreichte, erklärte er, diese Musik sei dämonisch und gehöre nicht in den Gottesdienst.

Im namenlosen Mann, der in der Synagoge von Kafarnaum aufheult, wird die Abwehr laut, die bald von allen Seiten wahrnehmbar sein wird. Aus dem Stimmenhörer schreit es heftig, ein Ausdruck großer Not und Zerrissenheit. Er ist außer sich. In heftigem Kampf zieht es ihn nach allen Seiten. Was aus ihm hervorbricht, ist wirr und schrill und dennoch nicht purer Unsinn, ganz im Gegenteil. Es offenbart eine starke Ambivalenz: Anziehung und Abstoßung, Faszination und Abwehr mischen sich. Eine entpersonalisierende Macht ist in ihm am Werk. Sie raubt dem Mann die eigene Stimme. Er spricht nicht mehr selbst. Es sind fremde Stimmen, fremde Meinungen, die sich seiner bemächtigt haben und welche er distanzlos und lautstark weitergibt.

Aus allem Wirrwarr dringt eine messerscharfe Klarheit. Etwas im Geplagten erkennt, was die anderen nicht sehen können, nicht sehen wollen: „Du bist der Heilige Gottes!" Die Aussage kommt unerwartet und hat beträchtliches Gewicht: Es ist das erste Christusbekenntnis im Markusevangelium! Dass es aus dem Mund eines psychisch belasteten Menschen kommt, ist für die Lesenden eine Provokation. Denn wer identifiziert sich schon gerne mit einer seelisch destabilisierten Person, die lethargisch in einer Ecke hockt und zu schimpfen beginnt, wenn man sich ihr nähert? Bemerkenswert ist, dass dieses Christusbekenntnis in der Ich-Form gesprochen wird. Hat der Verwirrte sich in diesem Moment wieder gefasst? Findet er bekennend zu sich zurück?

Dass Markus diese Heilungsgeschichte allen anderen vorangestellt hat, lässt einen programmatischen Inhalt erwarten. Ist ein solcher erkennbar? Ähnlich wie der Prolog des Johannesevangeliums wird eine Urkonstellation geschildert: Das LICHT kommt in die Dunkelheit und bringt die Dunkelheit ans Licht. Das WORT tritt in einen von wortmächtigen Instanzen besetzten Raum und weckt lautstarke Gegenstimmen. Was in der Synagoge von Kafarnaum beginnt, findet seinen Höhe- und Tiefpunkt im Todesurteil des Pilatus. Ein dunkler Schatten liegt auf dem ersten Heilungserfolg Jesu. Dem einen, der geheilt wird, steht eine anonyme Gruppe gegenüber, die murrend zurückbleibt.

Die Heilung selbst wird als kurze Interaktion erzählt, die typisch ist für die Art und Weise, wie die Evangelien vom Umgang Jesu mit mentalen Belastungen berichten. Anders als bei physischen Nöten beschränkt er sich ganz aufs Wort. So ist die Intervention, die geschildert wird, kurz und kraftvoll: „Schweig und verlass ihn!" Was den Zerrissenen heilt, was ihn aus dem lärmigen Chaos widerstreitender Stimmen befreit, ist die Begegnung mit dem WORT, das sammelt, ihn zur Ruhe, zu sich selbst bringt.

Auffällig ist, dass Jesus den Mann unterscheidet von den Stimmen, die ihn besetzen. Zum therapeutischen Zugang dieses Heilers gehört es, Menschen nicht mit den Krankheiten und Belastungen zu identifizieren, von denen sie geplagt werden. Zwischen den Menschen und krankmachenden Mächten zu unterscheiden, bedeutet auch, Gedanken *als Gedanken* wahrzunehmen und dadurch zu relativieren. Zum Problem dieses Mannes gehört, dass seine Gedanken für ihn zur Wirklichkeit geworden sind und ihn dominieren; dass die Grenzen zwischen innen und außen, zwischen heilig und profan.

Kehren wir nochmals in die erwähnte Zürcher Stadtkirche zurück: Seit dem abrupten Ende des Pfingstgottesdienstes ist der Aufgang zur Empore abgeschlossen. Dies konnte nicht verhindern, dass es einige Zeit später zu einer anderen Störung kam. Die Szene wiederholte sich mehrfach: Bekleidet im roten Gewand des heiligen Nikolaus betrat eine Frau den gottesdienstlichen Raum mit zwei großen, ratternden Rollkoffern. Möglicherweise war ihr ganzes Hab und Gut darin verstaut. Zielsicher bewegte sie sich jeweils auf einen Platz vorne rechts im Seitenschiff zu, wo sie sich fest installierte. Danach konnte es für längere Zeit ruhig werden. Spätestens am Ende der Predigt machte sie sich jedoch mit Zwischenrufen bemerkbar, welche dann jeweils die Gabenbereitung und das Hochgebet begleiteten. Nicht immer war es verständlich, was sie in die Liturgie hineinrief: Wollte sie auf sich aufmerksam machen? War es eine verquere Form des Mitbetens? Gar Blasphemie? Die anfänglichen

Versuche der Kirchenordner, sie zu beruhigen, bewirkten das Gegenteil. Die Zwischenrufe steigerten sich zu einem lauten Geschimpfe. So ließ man sie gewähren, akzeptierte sie als Teil der Gottesdienstgemeinde, die sie schließlich so plötzlich wieder verließ, wie sie gekommen war.

Man mag die erste Heilungsgeschichte des Markusevangeliums als Erzählung über andere lesen: über einen namenlosen unglücklichen Mann, über Menschen, die unter schweren psychischen Belastungen leiden und auf psychiatrische Unterstützung angewiesen sind. Im weiteren Verlauf des Evangeliums wird jedoch deutlich, dass die Jünger Jesu nicht ausgenommen sind. Ebenso wie alle anderen tragen sie wirre und mitunter obsessive Stimmen und Gedanken in sich und leiden unter negativen Kräften. Heilungsbedürftig sind auch sie und damit alle, die sich in diesem Evangelium zu erkennen suchen.

Logismoi: Großmächtige Gedanken

Weshalb lässt Markus die Heiltätigkeit Jesu ausgerechnet mit dieser Geschichte beginnen? Ein Grund könnte sein, dass sie die Aufmerksamkeit auf etwas lenkt, was für das heilende Wirken Jesu zentral ist und es noch heute nachvollziehbar macht: die Macht der Gedanken. Wer verstehen will, wie Jesus geheilt hat, findet hier die Grundlage dazu. Seine Therapeutik setzt, wie achtsamkeitsbasierte Ansätze der Gegenwart, bei illusionären und fixierenden Gedankenwelten an, die Menschen gefangen halten und die Verbundenheit mit anderen verstellen und die göttliche Nähe verdunkeln. Wenn Markus von Gedanken (griech.: *logismoi*) spricht, meint er stets solche, die belasten und zerstreuen. Die verwirrende Vielfalt negativer Gedanken steht im Kontrast zur heilsamen Einfalt des einen WORTES, zu jenem LOGOS also, den das Evangelium bezeugt und präsent werden lässt. Der Heilungsprozess hat paradoxe Züge: Wer sich dieses WORT nahegehen lässt, in der oder dem melden sich unweigerlich Gegenstimmen, Widerstände, Widersprüche, Einwände, Zweifel und Vorbehalte. Woher kommen diese toxischen Stimmen? Von innen ebenso wie von außen. Sie stecken in den Herzen der Menschen und werden gleichzeitig außen geweckt und genährt.

Was unter dem Begriff der mentalen Hygiene Anfang des 20. Jahrhunderts neu entdeckt wurde und achtsamkeitsbasierte Psychotherapie heute weiter erschließt, bestimmte schon die Heiltätigkeit Jesu. Unsere mentalen Welten leben von Wörtern, Sätzen und Geschichten. Wie wir uns, andere und anderes wahrnehmen und verstehen, hängt von der Sprache ab, die uns zur Verfügung steht und bestimmt. Da die Aneignung dieses sprachlichen Repertoires unbewusst und spontan verläuft (wir erinnern uns nicht mehr daran, dass wir Sprechen lernen mussten, sondern haben den Eindruck, es seit jeher zu können), wird diese Abhängigkeit von vorgeformten Kategorien, Deutungs- und Erzählmustern selten bewusst wahrgenommen. Wer denkt schon daran, dass sein/ihr Zeiterleben bestimmt ist von kulturell vorgegebenen Zeiteinheiten und deren Benennung: Stunden, Wochen- und Feiertagen, Monaten, Jahren? Die Sprache, die wir nutzen, um zu verstehen und uns verständlich zu machen, ist uns innerlich und äußerlich zugleich. Wir bewegen uns in ihr, in der durch sie eröffneten Welt der Kommunikation. Doch spricht sie ebenso aus uns heraus und gestaltet in hohem Maße, was wir unser Inneres nennen. Wenn wir reden, sprechen immer auch andere durch und aus uns: unsere Vorfahren, Erzieher, Vorbilder, Idole usw. Unsere Gedanken sind geformt durch die vielen Stimmen und Botschaften, die wir seit frühster Kindheit aufgenommen und uns angeeignet haben. Und weil die Welt um uns vielstimmig und oft dissonant ist, gilt dies ebenso für die Welt, die wir in uns tragen. Dass Gedanken eskalieren und Menschen krank machen können, ist der innere Schatten eines Lebewesens, das durchgehend von der Macht der Sprache lebt.

Die neutestamentlichen Heilungserzählungen halten uns, in unterschiedlichen Varianten, die Wirk- und Übermacht der Gedanken vor Augen. Zu tiefgreifenden mentalen Belastungen werden sie dort, wo die Fähigkeit verloren geht, sich von ihnen zu distanzieren. Aus den verwirrten, psychisch labilen Menschen, denen Jesus begegnet, sprechen die Stimmen ihrer Umwelt, die seiner Botschaft mit Reserve, Skepsis und offener Ablehnung begegnen. In den Stimmen, die Markus den „unreinen Geistern" zuschreibt, wird der Widerstand laut, auf den das Evangelium trifft. Gegen die Neigung, diesen Widerstand nur bei den andern zu sehen, wird festgehalten: Dieser meldet sich auch in jenen, die Jesus nachfolgen. In den Heilungsgeschichten geht es offenkundig nicht nur um jene, die von besonderen Belastungen und Einschränkungen betroffen sind. Angesprochen werden alle, die mit dieser Sammlungsbewegung in Kontakt kommen – also auch jene, die diese Texte gerade in ihren Händen halten und sie meditieren. In einer intensiven Lektüre der ersten markinischen Heilungsgeschichte kann sich so die denkwürdige Begegnung wiederholen. Melden sich doch im

Vollzug des Lesens meist laute und leise Gegenstimmen: innerer Widerstand, kritische Einwände und skeptische Anfragen. Ebenso mag sich mitten aus dem Wort- und Bildgestöber eine leise Stimme erheben, die ermutigt, dem zu vertrauen, den diese Erzählung bezeugt.

Aufrichtende Nähe I (Mk 1,29–31)

Die beiden ersten Heilungserzählungen des Markusevangeliums ergänzen sich: Steht in der ersten ein seelisch belasteter Mann im Zentrum, so in der zweiten eine physisch leidende Frau; geschieht die Heilung im ersten Fall allein durch das WORT, so im zweiten allein durch Berührung. Und während die erste Heilung in der Öffentlichkeit stattfindet, geschieht die zweite in einem intimen Kreis. Wir treten in den Raum einer Hausgemeinde ein, zu der wir auch selbst gehören könnten.

Mk 1,29 Sie verließen sogleich die Synagoge und gingen zusammen mit Jakobus und Johannes in das Haus des Simon und Andreas. 30 Die Schwiegermutter des Simon lag mit Fieber im Bett. Sie sprachen sogleich mit Jesus über sie 31 und er ging zu ihr, fasste sie an der Hand und richtete sie auf. Da wich das Fieber von ihr und sie diente ihnen.

Wie eine Krankheit verläuft und jemand mit ihr umgeht, hängt nicht zuletzt von sozialen Faktoren ab. Das Umfeld kann zur Erkrankung, doch ebenso zur Heilung beitragen. Für beides finden sich in der vorliegenden Erzählung Anknüpfungspunkte. Der Erkrankung dieser Frau, die als Schwiegermutter eingeführt wird und deren Namen wir nicht erfahren, gehen Ereignisse voraus, die ihr Leben tiefgreifend verändert haben. Zum einen fragt sich, ob sie verwitwet ist. Das würde erklären, weshalb sie im Haushalt ihres Schwiegersohnes lebt. Zum andern haben sich Simon und Andreas einer religiösen Wanderbewegung angeschlossen und schicken sich nun an, ihren angestammten Beruf und ihre Familie zumindest zeitweise zu verlassen. Ist die Krankheit eine Reaktion auf eine Verunsicherung, einen familiären Strudel? Krankheit als Protest? Ein fiebriger Zustand kann auf vieles hindeuten. Gemessen an der Reaktion der Angehörigen dürfte es sich um etwas Gravierendes handeln. Die Erzählung signalisiert Dringlichkeit. Kaum hat Jesus das Haus betreten, bricht es aus seinen Begleitern heraus. Jesus hört zu, schweigt.

Anders als zuvor in der Synagoge vollzieht sich die Heilung nicht sprachvermittelt, sondern durch Nähe und Berührung, durch heilsame Präsenz. Wenige Striche umreißen das Geschehen. Der Gast tritt, wie ein Arzt auf Hausbesuch, ans Bett der Fiebernden, fasst sie bei der Hand, richtet sie auf. Die schweigende Nähe hat heilsame Kraft, vertreibt das Leiden. In der Stille, die den Raum erfüllt, kann die Berührung tiefer wirken, verborgene Schichten erreichen. Die Leidende wird sanft aufgerichtet und nimmt wahr, wie die Lebenskräfte zurückkehren. Die österlichen Motive sind nicht zu überhören. Hier ist eine aufrichtende Kraft am Werk, die Menschen – und nicht zuletzt den Heiler selbst – aus dem Schatten des Todes herausführt. Das Heilwerden, von dem diese Erzählung berichtet, beschränkt sich nicht darauf, die verlorene Gesundheit zurückzugeben, sondern führt in ein neues Leben. „Heilungsgeschichten sind (…) Auferweckungsgeschichten."[3] Doch geht es in dieser Geschichte nicht im alten Stil weiter? Kaum geheilt, steht die Schwiegermutter wieder in der Küche. Das kann als fugenlose Rückkehr in einen vertrauten Lebensmodus gelesen werden. Doch ist es nicht mehr? Im Gesamtzusammenhang des Evangeliums ist Dienen (*diakonein*) ein Kennzeichen des Christseins. Menschen, die Jesus aufnehmen, geraten in eine Sammlungsbewegung hinein und finden sich, ehe sie es sich versehen, in einer größeren Gemeinschaft wieder.

Verbundenheit: Wege aus der Vereinzelung

Heilung geschieht in Räumen, die von solidarischen Gemeinschaften gebildet, belebt und bewohnt werden. Die beiden Orte, an denen die ersten Heilungen stattfinden – die Synagoge von Kafarnaum und das Haus von Simons Großfamilie –, stehen für alle therapeutischen Räume, in die wir noch hineingeführt werden. Atmosphärisch sind sie geprägt von Beziehungsgeflechten und sozialen Strukturen, die zur Gesundung beitragen, diese jedoch auch verhindern können. Die Gemeinschaft, die sich um Jesus in der Synagoge von Kafarnaum versammelt, dürfte jedenfalls ein Teil des Problems gewesen sein, an dem der Stimmenhörer litt. In ihm und durch ihn wird die Dissonanz hörbar, welche den Raum still erfüllt. Jesus betritt ein besetztes Haus. Was sich sonst in einer Dunkelzone abspielt, wird durch sein Auftreten sicht- und hörbar. Dies ärgert jene, die vom Schweigen profitieren. Was für die einen ein befreiender Tabubruch bedeutet, ist für andere ein Skandal.

In der zweiten Heilungsgeschichte taucht demgegenüber ein Gegenbild auf: das einer heilsamen Form von

Gemeinschaft und Zusammensein. Im Haus des Simon treffen wir auf eine *Caring Community*, auf eine Gemeinschaft, die füreinander sorgt. Heilung geschieht in fürsorglichen Netzwerken und durch sie.

Beides wird den weiteren Weg dieses Heilers bestimmen: der Widerspruch der frommen Hausbesetzer und die sorgenden Gemeinschaften, die Resonanzräume voller Klang und Lebendigkeit bilden.

Aufrichtende Nähe II (Lk 13,10–16)

Auch die folgende Geschichte, die nur Lukas überliefert, erzählt von der heilsamen Kraft des Sabbats und aufrichtender Nähe:

Lk 13,10 Am Sabbat lehrte Jesus in einer Synagoge. 11 Und siehe, da war eine Frau, die seit achtzehn Jahren krank war, weil sie von einem Geist geplagt wurde; sie war ganz verkrümmt und konnte nicht mehr aufrecht gehen. 12 Als Jesus sie sah, rief er sie zu sich und sagte: Frau, du bist von deinem Leiden erlöst. 13 Und er legte ihr die Hände auf. Im gleichen Augenblick richtete sie sich auf und pries Gott. 14 Der Synagogenvorsteher aber war empört darüber, dass Jesus am Sabbat heilte, und sagte zu den Leuten: Sechs Tage sind zum Arbeiten da. Kommt also an diesen Tagen und lasst euch heilen, nicht am Sabbat! 15 Der Herr erwiderte ihm: Ihr Heuchler! Bindet nicht jeder von euch am Sabbat seinen Ochsen oder Esel von der Krippe los und führt ihn zur Tränke? 16 Diese Frau aber, die eine Tochter Abrahams ist und die der Satan schon seit achtzehn Jahren gefesselt hielt, sollte am Sabbat nicht davon befreit werden dürfen?

Meist heilt Jesus nicht aus eigener Initiative. Die vorliegende Erzählung erscheint deshalb als Ausnahme. Doch macht sie nachvollziehbar, wie sich das heilende Wirken ereignet. Es kommt nicht nachträglich und gleichsam nebenbei zu dem hinzu, was Jesu in Wort und Person vergegenwärtigt, sondern ist in diesem enthalten. Als Verkündiger ist Jesus Therapeut. Die vertraute Aufspaltung von Seelsorge und Leibsorge, von spiritueller Stärkung und somatischer Therapie wird durch diese Erzählung korrigiert. Ins Auge springt zunächst das körperliche Leiden: Eine starke und vermutlich schmerzhafte Verkrümmung der Wirbelsäule macht es der Frau unmöglich, aufrecht zu gehen. Sie beeinträchtigt nicht allein ihre Handlungsfähigkeit, sondern verändert ihr Welt- und Selbsterleben.

Hinter dem physischen Leiden verbirgt sich eine soziale und spirituelle Not. Die Verkrümmung ist, so informiert uns der Evangelist, nicht organisch bedingt. Sie werde durch eine externe Wirkmacht verursacht, durch einen Plagegeist. Was ist darunter zu verstehen? Lukas gewährt uns keinen Blick in die Krankenakte. Doch gibt er uns einen diskreten Hinweis: Achtzehn Jahre dauere dieses Leiden nun schon an. Damit wird die Schwere, das lebensgeschichtliche Gewicht dieses Leidens unterstrichen. Achtzehn Jahre – ein halbes Leben! Jesus selbst ist dreißig Jahre alt. Das Leiden der Frau begann also just zu der Zeit, in der er als Zwölfjähriger erstmals selbstständig durch Jerusalem streifte (Lk 2,41–50). Die beiden Lebenslinien verlaufen fortan gegenläufig – bis sie sich achtzehn Jahre später kreuzen.

Damit ist zwar eine Beziehung zwischen Jesus und der Frau hergestellt, doch die diagnostische Frage noch nicht beantwortet. Gibt uns die Krankheitsdauer einen Anhaltspunkt, um besser zu verstehen, was die Frau belastet? Tatsächlich verweist sie auf eines der Leitmotive dieser Geschichte und des therapeutischen Wirkens Jesu: den Sabbat. Als Ruhetag steht er am Ende von sechs Arbeitstagen, die er begrenzt und relativiert. Die Zahl Achtzehn entsteht, wenn man die Länge der normalen Arbeitsperiode mit der Vollkommenheitszahl Drei vervielfacht. Achtzehn steht für ein Leben, das keine Ruhezeiten mehr kennt und dadurch verkümmert.

Die bekannteste Gestalt dieses Plagegeists ist der Arbeitsteufel. Er ist keine Ausgeburt der Moderne, sondern war schon in der Antike anzutreffen. Das belegt die folgende Erzählung von Johannes Cassian, der gegen Ende des 4. Jahrhunderts ein Jahrzehnt im Kreis der ägyptischen Wüstenväter verbrachte:

„Es ging einmal ein sehr bewährter Altvater nahe bei der Zelle eines Bruders vorbei, […] [d]er sich für Erwerbung und Bereitung überflüssiger Dinge ohne Ruhe in täglicher Anstrengung abmühte. Da er nun schon von ferne sah, wie dieser mit einem schweren Hammer einen sehr harten Stein zermalmte, und wie ein Äthiopier [d. h. eine schwarze Gestalt] bei ihm stand, die Hände mit denen des Mönches eng verflocht und zugleich mit ihm die Schläge des Hammers führte, während er ihn durch brennende Fackeln zum Eifer in seinem Werke antrieb: da blieb er lange stehen und staunte über den Drang des so grausamen Teufels und über den Trug eines solchen Wahnes. Denn als der Bruder von zu großer Müdigkeit erschöpft ruhen und die Arbeit beendigen wollte, da wurde er durch die Anreizung des Teufels ermutigt, den Hammer wieder aufzunehmen, und gedrängt, von dem Eifer bei dem begonnenen Werk nicht abzulassen, so dass er durch dessen Anreizungen unermüdlich erhalten wurde und die Beschwerlichkeit einer solchen Mühe nicht fühlte. Endlich kehrte der Greis, durch das grausame Spiel des Teufels bewogen, in der Zelle des Bruders ein, grüßte ihn und sprach: ‚Was ist das für eine Arbeit, die du da treibst?' Jener antwortete: ‚Wir mühten uns ab gegen diesen so harten Stein und konnten ihn kaum ein wenig zerbröckeln.' Darauf der Greis: ‚Richtig hast du gesagt: wir konnten; denn du warst nicht allein, da du schlugst, sondern es war ein anderer bei dir, den du nicht sahst, und der dir bei dieser Arbeit nicht als Helfer, sondern als der grausamste Hetzer zur Seite stand.'"[4]

Um die verkrümmte Frau scheint dies weniger schlimm zu stehen. Schließlich treffen wir sie am Sabbat in der Synagoge an. Ist sie gekommen, um mit dem fremden Heiler in Kontakt zu treten? Hat sie schon von ihm gehört? Aufgrund ihres Leidens kann sie ihn kaum anschauen, er sie hingegen schon. Menschen mit körperlichen Auffälligkeiten ziehen die Aufmerksamkeit auf sich, so auch diese Frau. Es ist unausweichlich, dass Jesus sie wahrnimmt. Er sieht, wie sie zusammengekrümmt dasitzt und seinen Worten lauscht. Bevor die Frau ihren Blick erheben kann, wird sie angeschaut und angerufen. Aus der Ferne dringt ein Ruf in ihre verschlossene Welt, eine leise Stimme, die sie als „Tochter Abrahams" anspricht.

Heilung geschieht prozesshaft und responsorisch. Am Anfang steht eine Einladung: Jesus ruft die Frau in seine Nähe. Aus der Kraft dieser Einladung vermag sie, sich zu erheben, den eigenen Füßen Vertrauen zu schenken und

Schritte in eine neue Richtung zu wagen. Was sie dann hört, ist überraschend: „Frau, du bist von deinem Leiden erlöst." Wie soll das geschehen? Wie kann die Dominanz des Plagegeistes gebrochen werden? Der Leidenden wird kein Rückentraining auferlegt, sie muss nichts leisten. Jesus entlastet die Frau, indem er sie darauf aufmerksam macht, was gerade jetzt, in diesem Augenblick, geschieht: Gottes heilsame Präsenz wird ihr zugänglich, ohne etwas von ihr zu fordern, und lässt sie bei sich selbst ankommen.

Die Hände, die auf ihr ruhen, bekräftigen diese aufrichtende Präsenz, machen sie sinnlich erlebbar. Aus der Kraft des Segensflusses, der ihr zuströmt, vermag sich die Frau langsam zu erheben. Es werden ihr Worte zugesprochen, die ihr noch niemand gesagt hat. Erstmals nimmt sie sich als „Tochter Abrahams" wahr und findet ihre Stimme wieder. Der aufrechte Gang ermöglicht den Blick in die Weite, die Begegnung von Angesicht zu Angesicht. Sich dem Heiler zu Füßen zu werfen, kommt nicht in Frage. Passend zu ihrem Heilungsprozess findet die Dankbarkeit eine andere Ausdrucksform: das jauchzende Lob, zu dem die aufrechte Haltung ebenso gehört wie erhobene Hände.

Anders als sonst scheint der Plagegeist das Feld kampflos zu räumen und sich ohne Geschrei und Drohungen zu verziehen. Doch bleibt er präsent und spricht aus dem verärgerten Synagogenvorsteher, dem dies alles zu weit geht. Der Einwand, den er vorbringt, ist berechtigt: Wieso ausgerechnet heute? Im Untergrund schwelt ein Autoritätskonflikt: Wer hat an diesem Ort das Sagen? Jesus reagiert emotional, nicht ohne jedoch sachlich zu argumentieren: Wenn es erlaubt ist, am Sabbat Nutztiere loszubinden, um sie zur Tränke zu führen, was spricht dann dagegen, am Sabbat eine Tochter Abrahams an den Segensfluss Gottes zu führen, sie dazu zu befreien, wozu der Sabbat da ist: zum Gotteslob?

Als wollte er der direkten Konfrontation ausweichen, vermeidet es der Synagogenvorsteher, den fremden Heiler direkt anzuklagen. Umso harscher wendet er sich an seine Gemeinde. Dass ihn die Argumentation des Heilers überzeugt, ist zweifelhaft. Am Ende scheint der Vorsteher allein, in sich verkrümmt am Rand zu stehen. Er gleicht dem unfruchtbaren Feigenbaum, dessen Untergang Jesus unmittelbar vor dieser Heilungsgeschichte ankündigt (Lk 13,6–9).

Sabbat: Transformative Kontemplation

Weshalb heilt Jesus so häufig an einem Sabbat, obwohl er sich damit erheblichen Ärger einhandelt? Die Evangelisten schweigen. Sie machen uns diese merkwürdige Vorliebe nicht verständlich, zumindest nicht direkt. Unwahrscheinlich ist, dass Jesus ohne gewichtige Gründe gegen eine Ordnung verstößt, die er selbst grundsätzlich bejahte. Was bewegte ihn dazu, seine Heiltätigkeit auf den Sabbat zu konzentrieren?

Am nächsten liegt ein therapeutisches Motiv: Der Sabbat bietet besonders günstige Bedingungen dafür, leidenden Menschen heilsam nahezukommen und im Innersten zu berühren. In der heiligen Ruhe des Sabbats kann sich etwas verwandeln und öffnen, kann Gottes Gegenwart ankommen. In der Stille sind Menschen berührbarer. Der Sabbat hilft, neu zu sich zu finden, in die Gegenwart hineinzufinden, die menschliches Leben trägt. Die Heilungen geschehen deshalb häufiger am Sabbat als unter der Woche, weil die Menschen an diesem Tag offener und empfänglicher sind.

Damit ist, neben der Aufmerksamkeit für die Gedanken, ein zweites Element gefunden, welches das therapeutische Wirken Jesu nicht allein nachvollziehbar, sondern auch aktuell macht. Wie heilsam es ist, in einem umgrenzten (Zeit-)Raum des Heiligen zu verweilen, ohne etwas zu tun, wird umso prägnanter, je stärker unser Leben von Hyperaktivität und Beschleunigung geprägt ist. Wer in einer Welt lebt, in der die Gegenwart schrumpft und Geschwindigkeit prämiert wird, tut gut daran, nach Wegen der Entschleunigung zu suchen. Eine *vita hyperactiva* macht auf Dauer krank. Sie führt in die Erschöpfung, da sie die rezeptive Lebensdimension verkümmern lässt. Die heilsame Kraft der Sabbatruhe neu zu erschließen, ist heute dringlicher denn je.

Im Übergang (Mk 1,9–11)

Das therapeutische Handeln Jesu, so wie es sich uns im Spiegel der Evangelien umrisshaft abzeichnet, ist von einem Wissen geleitet, das nach wie vor Gültigkeit hat und gegenwärtig besonders in achtsamkeitsbasierten Ansätzen therapeutisch genutzt wird. Zweifellos hat die therapeutische Wirksamkeit Jesu auch mit ihm selbst zu tun. Heilung geschieht in der Berührung mit jener Tiefenwirklichkeit, aus der er selbst lebt. Sie erschließt sich ihm während der Zeit, die er im Umkreis des Täufers in der judäischen Wüste verbringt:

Mk 1,9 Und es geschah in jenen Tagen, da kam Jesus aus Nazaret in Galiläa und ließ sich von Johannes im Jordan taufen. 10 Und sogleich, als er aus dem Wasser stieg, sah er, dass der Himmel aufriss und der Geist wie eine Taube auf ihn herabkam. 11 Und eine Stimme aus dem Himmel sprach: Du bist mein geliebter Sohn, an dir habe ich Wohlgefallen gefunden.

Die besondere Heilkraft, die später von Jesus ausgeht, wird auf ein Schau- und Hörereignis zurückgeführt. Der Ort, an dem es geschieht, ist voller Bezüge. Der künftige Heiler steht am Ostufer des Jordans, hinter ihm die Weite der Wüste, vor ihm der heilige Fluss, den Israel einst auf seinem Weg ins Gelobte Land durchschritten haben soll. Das Ritual, das nun folgt, reinszeniert diesen Übergang ins Gelobte Land. Nur wer den Schritt ins Wasser hinein wagt, kann ans andere Ufer gelangen. Eingetaucht in die Tiefe des Flusses öffnet sich eine neue Wirklichkeitssphäre, etwas Maßloses und Unaussprechliches. Es wird zum Vorzeichen für alles, was dieser Neugetaufte künftig tun wird. Die heilsame Berührung, die er in sich trägt, gibt er weiter. Sie treibt ihn schließlich über alle Grenzen hinaus.

2 Poröse Grenzen: Unterwegs in eine größere Gemeinschaft

Mit dem kleinen Kreis, den er in Kafarnaum um sich geschart hat, bricht Jesus auf und begegnet unterwegs dem vielfältigen Leiden marginalisierter Menschen. Das Wunder der Heilung geschieht an Grenzen, die porös werden. Die Konturen einer neuen, grenzüberschreitenden Gemeinschaft beginnen sich abzuzeichnen.

„Ich will – werde rein!" (Mk 1,40–45)

Was in biblischen Texten Aussatz heißt, ist aus heutiger Sicht in erster Linie eine soziale Pathologie. Aus Angst vor Ansteckung wurden Menschen, deren Haut erkrankt war, in radikaler Weise marginalisiert und ausgeschlossen. Hautkrankheiten wurden als besonders gefährlich angesehen, weil sie die Grenze zwischen innen und außen zu erodieren drohen. An der hauchdünnen Grenze, die durch die Haut gebildet wird, hängt letztlich die Integrität aller. Hautkrankheiten, so meinte man, machen unrein und stellten ein Sicherheitsrisiko für die ganze Gemeinschaft dar. Die Betroffenen wurden deshalb auf eine strikte Quarantäne verpflichtet. Eine chronische Hautkrankheit bedeutete den sozialen Tod: keine Berührungen mehr, keine familiäre Rückbindung, keine verlässliche soziale Einbettung. Wer auf seiner Haut Anzeichen von Aussatz feststellte, musste sich auf einen harten, schmerzlichen Schnitt einstellen.

Wiederholt trifft Jesus im Umkreis von Städten und Dörfern auf Aussätzige. Manche haben sich zu Kolonien zusammengeschlossen. Wie sich zeigt, ist sein Ruf bereits bis in diese gesellschaftlichen Randzonen vorgedrungen. Trotz Marginalisierung sind die Aussätzigen vernetzt und erzählen sich Nachrichten und Gerüchte weiter. Nur so lässt sich die folgende Begegnung verstehen:

Mk 1,40 Ein Aussätziger kam zu Jesus und bat ihn um Hilfe; er fiel vor ihm auf die Knie und sagte: Wenn du willst, kannst du mich rein machen. 41 Jesus hatte Mitleid mit ihm; er streckte die Hand aus, berührte ihn und sagte: Ich will – werde rein! 42 Sogleich verschwand der Aussatz und der Mann war rein. 43 Jesus schickte ihn weg, wies ihn streng an 44 und sagte zu ihm: Sieh, dass du niemandem etwas sagst, sondern geh, zeig dich dem Priester und bring für deine Reinigung dar, was Mose festgesetzt hat – ihnen zum Zeugnis. 45 Der Mann aber ging weg und verkündete bei jeder Gelegenheit, was geschehen war; er verbreitete die Geschichte, sodass sich Jesus in keiner Stadt mehr zeigen konnte; er hielt sich nur noch an einsamen Orten auf. Dennoch kamen die Leute von überallher zu ihm.

Tabubrüche rhythmisieren diese Erzählung. Der Aussätzige, der sich Jesus nähert, tut etwas Verbotenes. Er verstößt gegen die Quarantänepflicht, gegen die Auflage sozialer und physischer Distanz. Und er tut das nicht zaghaft, sondern auffällig entschieden. Dem fremden Wanderprediger spricht er die Macht zu, ihn heilen zu können: „Wenn du willst, kannst du …" Damit nimmt er den Angesprochenen in die Pflicht – ein zweiter Tabubruch!

Wenn dessen Heilkraft außer Frage steht, geht es nur noch um eines: *Will* dieser Heiler hier und jetzt tun, was ihm möglich ist? Die Zudringlichkeit des Aussätzigen bringt Jesus in ein Dilemma: Um den Aussätzigen zu heilen, um ihn in die Gemeinschaft zurückzuholen, müsste er ihn berühren. Doch damit würde er sich gefährden und verunreinigen. Um zu heilen, müsste er eine rote Linie überschreiten, gesellschaftliche und religiöse Regeln missachten.

Natürlich überschreitet Jesus diese Grenze – ein dritter Tabubruch mit weitreichenden Folgen. Indem sich Jesus von der Not berühren lässt und den Aussätzigen berührt, holt er diesen in die Gemeinschaft zurück, macht ihn neu kontaktfähig und berührbar. Die heilsame Kraft, die von ihm ausgeht (Lk 6,19), überwindet die Mächte der Ausgrenzung. Jesus gleicht der heilsamen Quelle, von der Ezechiel berichtet (Ez 47). In seiner Nähe werden die Grenzen zwischen rein und unrein, zwischen heilig und profan, zwischen dem, was Gott geweiht ist, und allem Übrigen neu bestimmt.

Heilsame Berührung und aufrichtende Worte – in der dritten Heilungsgeschichte verbinden sich die beiden therapeutischen Zugänge, die Markus in den ersten beiden Heilungserzählungen einführt. „Werde rein!" Was wie ein Befehl wirkt, kann als Gebet gehört werden: „Mögest du rein werden!" „Möge Gott dir Reinheit schenken!"

An seinem guten Willen lässt der Heiler keinen Zweifel aufkommen: „Ich will es!" Wie aber steht es um den Willen des Aussätzigen? Dass er gesund werden möchte, steht außer Frage. Ist er jedoch bereit, die ärztlichen Anweisungen zu befolgen? Nichts Schweres wird ihm aufgetragen, lediglich ein Mitwirken bei seiner gesellschaftlichen Reintegration. Über den Heilungsprozess soll er Stillschweigen bewahren, seine Gesundung jedoch von einem Priester, der damaligen Gesundheitsbehörde, bestätigen lassen. Schließlich soll er das dafür festgesetzte Opfer darbringen und auf diese Weise die wiedererlangte Kultfähigkeit demonstrieren. Drei Aufträge – keiner wird erfüllt! Stattdessen ereignet sich nochmals eine Grenzverletzung. Auch nach der Heilung bleiben die Grenzen zwischen innen und außen durchlässig. Was drinnen, im Verborgenen bleiben sollte, dringt nach außen: Gegen die ausdrückliche Anweisung erzählt der Geheilte überall, was mit ihm geschehen ist, und bringt seinen Arzt dadurch in Schwierigkeiten. In einer merkwürdigen Rollenvertauschung endet dieser schließlich dort, wo der Aussätzige zuvor war: am Rand.

Verweilen: Im Hören bleiben

Der Geheilte hält sich nicht an den Therapieplan. Doch indem er bezeugt, was ihm widerfahren ist, indem er von Gottes heilsamer Präsenz erzählt, verhält er sich wie ein vorbildlicher Jünger. Wer kann es ihm verübeln, dass er jetzt, da er Menschen wieder nahekommen darf, nicht schweigen, sondern allen, die es wissen wollen, seine Geschichte erzählen möchte? Der Hörer wird zum Verkünder. Tut er damit nicht genau das, was christliche Existenz auszeichnet – auszeichnen sollte (Jak 1,22)? Wo liegt dann das Problem?

Dazu gedrängt, allen von seiner Erfahrung zu berichten, versäumt es der Geheilte, im Hören zu bleiben. Er eilt davon, bevor die Botschaft, die er weitergeben möchte, ganz bei ihm angekommen ist. Er tut das Richtige zur Unzeit und überfordert damit sich und andere. Einige Jahre später wird Paulus einen anderen Weg wählen und sich zurückziehen, um dem, was sein bisheriges Leben radikal unterbricht, Raum zur Entfaltung und Vertiefung zu geben. Im geheilten Aussätzigen personifiziert Markus die Versuchung missionarischer Ungeduld, die das Christentum als Schatten begleitet. Nur in geduldig verweilendem Hören erschließt sich das Evangelium und bringt ein Resonanzgeschehen in Gang. Deshalb lädt Markus am Ende seines Evangeliums dazu ein, nochmals an den Anfang zurückzukehren, um das schon Vernommene in einer wiederholten Lektüre tiefer zu verstehen (Mk 16,7). Was das Markusevangelium bezeugt, ist sperrig. Es entzieht sich dem raschen Zugriff, doch öffnet es sich einem geduldigen Ohr.

Ein kontemplativer Rahmen fördert ein solches anhaltendes und nachhaltiges Hören. In einer Atmosphäre, die von Stille und schweigendem Gebet durchdrungen ist, entfaltet das Evangelium seine reiche Tonalität, sein gesamtes Klangvolumen und bringt in jenen, die auf seine Worte lauschen, tiefere Schichten zum Klingen. Ein einziger Satz, der in der Stille ertönt, wird zum Kristallisationsmedium für eine Sammlung, in welcher die Hörenden sich ein- und wiederfinden. Die so vernommenen Worte wecken auf, rühren an, führen in eine nicht mehr auslotbare Tiefe. Auch Texte, deren Wirkkraft längst verbraucht schien, wirken plötzlich wieder jung und frisch – gleich einem Musikstück, das lange in einem viel zu raschen Tempo (ab-)gespielt wurde und nun durch Verlangsamung seinen natürlichen Rhythmus und Klang wiederfindet.

„Dein Glaube hat dich gerettet" (Lk 17,11–19)

Werfen wir an dieser Stelle nochmals einen Seitenblick ins Lukasevangelium: Wie wird die Geschichte, die wir eben meditiert haben, in ihm erzählt? Als Erstes fällt auf: Der Aussätzige ist weniger isoliert. Er ist Teil einer Gemeinschaft von Marginalisierten, die mit vereinter Stimme um Heilung bitten.

Lk 17,11 Und es geschah auf dem Weg nach Jerusalem: Jesus zog durch das Grenzgebiet von Samarien und Galiläa. 12 Als er in ein Dorf hineingehen wollte, kamen ihm zehn Aussätzige entgegen. Sie blieben in der Ferne stehen 13 und riefen: Jesus, Meister, hab Erbarmen mit uns! 14 Als er sie sah, sagte er zu ihnen: Geht, zeigt euch den Priestern! Und es geschah, während sie hingingen, wurden sie rein. 15 Einer von ihnen aber kehrte um, als er sah, dass er geheilt war; und er lobte Gott mit lauter Stimme. 16 Er warf sich vor den Füßen Jesu auf das Angesicht und dankte ihm. Dieser Mann war ein Samariter. 17 Da sagte Jesus: Sind nicht zehn rein geworden? Wo sind die neun? 18 Ist denn keiner umgekehrt, um Gott zu ehren, außer diesem Fremden? 19 Und er sagte zu ihm: Steh auf und geh! Dein Glaube hat dich gerettet.

Wenn die Evangelisten oft den Eindruck erwecken, die Gesundung geschähe von einem Moment auf den anderen (was uns als äußerst unwahrscheinlich erscheint), so betont *diese* Erzählung: Heilung ist ein Prozess, sie geschieht schrittweise. Schließlich haben wir es mit einem Heiler zu tun, der selbst unterwegs ist, einem Pilger, der zu Fuß nach Jerusalem wandert, so wie heute viele nach Santiago de Compostela. Alles läuft auf Jerusalem zu, der Lebensweg Jesu ebenso wie das, was er verheißt: die Sammlung Israels, mit der eine Völkerwallfahrt in die Heilige Stadt einsetzt.

Wer heute den Tempelbezirk in Jerusalem betreten möchte, wird peinlich genau kontrolliert. Zur Zeit Jesu waren die Eintrittsbedingungen kaum weniger strikt. Um in den heiligen Bezirk eingelassen zu werden, bedurfte es der kultischen Reinheit. Dieser konnte man in vielfältiger Weise verlustig gehen: durch Berührung mit als unrein geltenden Tieren, durch Menstruation und Samenerguss, durch moralische Verfehlungen und nicht zuletzt durch Krankheiten.[5] Den an Aussatz Leidenden ist der Zugang zum Tempel verwehrt. Bei den zehn Aussätzigen, oder zumindest einigen unter ihnen, kommt ein weiterer Makel hinzu: die kollektive Verunreinigung durch den samaritanischen Kult auf dem Berg Garizim, der seitens der religiösen Autoritäten Jerusalems heftig kritisiert wurde.

Die Aussätzigen können sich also aus mehreren Gründen nicht in die Sammlungsbewegung Jesu hineinnehmen lassen und mit ihm nach Jerusalem pilgern. Sie leben in verordneter physischer und sozialer Distanz, die nur mit zehnstimmigem Rufen zu überwinden ist: „Jesus, Meister, hab Erbarmen mit uns!" Die Aussätzigen appellieren an das Mitgefühl des Meisters. Dabei verzichten sie darauf, die Hilfe, die sie erhoffen, genauer zu benennen. Haben sie Scheu, zu ihrem Wunsch nach Heilung zu stehen? Oder sind sie diskret genug, um zu wissen, dass es ungehörig wäre, ihn allzu direkt zu äußern?

Ohne vertrauensvolles Zusammenwirken zwischen Leidenden und therapeutisch Tätigen kann keine Heilung geschehen. So auch in dieser Geschichte.

Den ersten Schritt tun die Betroffenen selbst. Sie wenden sich dem Heilenden zu, suchen den Kontakt zu ihm, bringen ihre Not zum Ausdruck, bitten um Hilfe. Sie widersetzen sich der gesellschaftlichen Erwartung, sich und ihre Krankheit zu verbergen. Die Kraft zum Widerstand erwächst aus der Solidarität jener, die durch ein gemeinsames Leiden miteinander verbunden sind. Nicht zufällig geschieht die Reinigung im Grenzgebiet von Galiläa und Samarien, in einer Zone also, in der die von beiden Seiten Ausgegrenzten zu einer grenzüberschreitenden Gemeinschaft zusammenfinden. So wie der geheilte Aussätzige, von dem Markus erzählt, zum fernen Vorausbild künftiger Verkündiger (und ihrer Versuchungen) wird, so ist die Aussätzigen-Kolonie in Lk 17 ein schattenhaftes Urmodell all jener ethnisch gemischten christlichen Gemeinden, die sich zur Abfassungszeit dieses Evangeliums vielerorts zu bilden beginnen.

Die heilende Kraft geht in dieser Erzählung nicht allein von Jesus aus. Noch bevor er selbst aktiv wird, nimmt er die sich ihm zuwendende Gruppe wahr und begegnet in ihr dem Wunder der Solidarität. Was für einen Einzelnen unerreichbar ist, wird mit vereinter Kraft möglich. Gemeinsam überwinden sie den Stacheldraht ausgrenzender Angst. Es ist ein vielstimmiger Chor, der Jesus innehalten lässt. Er hört ihn, bevor er ihn sieht: ein merkwürdiger Chor ungepflegter Randständiger – wie in Ramón Gielings Film über die Matthäuspassion.

Die Kur, die den Hilfesuchenden verschrieben wird, ist niederschwellig und rehabilitativ, nicht invasiv. Zu erwarten gewesen wäre, dass der geheimnisvolle Heiler, dem Wunderkräfte zugeschrieben werden, die zehn an Ort und Stelle heilt und sie *danach* zu den Priestern schickt, um sich die erfolgte Reinigung bestätigen zu lassen. Doch wird die Reihenfolge in überraschender Weise umgedreht. Ohne jegliches Heilritual werden die Aussätzigen auf den Weg geschickt. Die Aufforderung ist klar und der, der sie ausspricht, vertrauenswürdig: „Geht, macht euch auf den Weg und zeigt euch …" Die Heilung geschieht unterwegs, in einem Prozess. Die naheliegende und uns vertraute Frage nach dem Wann, Wo und Wie der Heilung wird dadurch unterlaufen. Heilungsprozesse entziehen sich zu weiten Teilen der Beobachtung. So sind auch hier nur die Eckpunkte wahrnehmbar: Die Aussätzigen, die dem WORT vertrauen, das ihnen zugesprochen wird, brechen als Heilungsbedürftige auf – und sie kommen als Geläuterte an. Geheilt wird zunächst das soziale Leiden, die Ausgrenzung. Dass eine physische Heilung stattgefunden hat, ist zu vermuten, wird jedoch nicht ausdrücklich gesagt.

Das Erzählte wirft grundsätzliche Fragen auf: Inwiefern berührt die Erfahrung sozialer Reintegration und physischer Heilung die spirituelle Dimension? Wurden die Randständigen auf dem Weg, der sie aus der sozialen Verbannung zurückkehren ließ, auch in spiritueller Hinsicht geläutert? Ja, insofern die wiedergewonnene Reinheit die Kultfähigkeit betraf. Sind sie auf den Garizim oder nach Jerusalem gepilgert, um dort ein Dankopfer darzubringen?

Nach dem heilsamen Wegstück, das die Aussätzigen gemeinsam gehen, trennen sich ihre Wege. Die Mehrheit kehrt ins frühere Leben zurück. Die Zeit der Absonderung und der therapeutische Prozess werden zu einer in sich abgeschlossenen Episode. Wer oder was sie geheilt hat, interessiert niemanden mehr. Hauptsache, gesund. Sie bleiben dem Heiler ihren Dank schuldig, verhalten sich wie Patienten, die vergessen, ihre Arztrechnung zu bezahlen.

Heilung als Restauration, als die Wiederherstellung dessen, was vorher war – das ist nach wie vor das Standardmodell kurativer Medizin. Bekanntlich ist dieses Modell nicht alternativlos. Die Rückkehr ins frühere Leben ist nicht die ganze Geschichte. Das zeigt sich an dem einen, bei dem die Geschichte anders weitergeht. Er kehrt zu demjenigen zurück, dem er seine Heilung zu verdanken hat. Der letzte Schritt seines Heilungswegs geschieht erst hier, in einer ausdrucksvollen Geste. Er wirft sich Jesus zu Füßen. Die soziale Distanz, die Angst vor der Ansteckung, ist hinfällig geworden. Er darf ihm ganz nahekommen. Dadurch findet er in einen Segensfluss, der sein Leben erneuert und ihn in eine Gemeinschaft hineinführt, die aus Menschen besteht, die unterwegs sind. Der Geheilte wird aufgerichtet und auf seinen Weg geschickt. Der Heiler sagt nicht: „Es freut mich, dass ich dir helfen konnte!"; sondern: „Steh auf und geh! Dein Glaube hat dich geheilt." Das lässt sich doppelt verstehen. Entweder: „Dass du geglaubt und dich auf den Weg gemacht hast – das hat dich geheilt." Oder: „Vertrau auf die heilsame Kraft des Glaubens, der dich geläutert und inspiriert hat und es weiter tun wird."

Kreditierung: Ermächtigendes Zutrauen

Zu sagen, jemand sei krank oder gesund, ist eine Zuschreibung, die einen Einfluss darauf haben kann, wie jemand sich fühlt und von anderen wahrgenommen wird. Solche Zuschreibungen sind umso gewichtiger, je größer das Ansehen der Person ist, die sie vornimmt, und je breiter sie gesellschaftlich geteilt werden. Soziale Zuschreibungen können Menschen stigmatisieren, sie auf eine Eigenschaft reduzieren und ihre Lebensmöglichkeiten einschränken. Jemand als schizophren oder dement zu bezeichnen, kann gravierende Konsequenzen für die so Bezeichneten haben.

Die Evangelien erzählen in vielfältiger Weise von der Macht von Zuschreibungen. Sie treten in unterschiedlichen Gestalten auf. Neben stigmatisierenden und diskreditierenden Formen gibt es auch Zuschreibungen, die Menschen aufrichten und zur Gesundung beitragen. Indem Jesus dem einen, der dankbar zu ihm zurückkehrt, heilenden Glauben zuschreibt, bekräftigt er den therapeutischen Prozess, der bereits im Gange ist.

Solch positive Zuschreibungen, die etwas aus jemandem herausleben, lassen sich psychologisch als „Kreditierung" beschreiben.[6] Ohne Kreditierung wäre es uns nicht möglich gewesen, sprechen, lesen und schreiben zu lernen. Wir haben diese Fertigkeiten dadurch erworben, dass andere uns die Befähigung dazu zugeschrieben haben. Sie haben uns vorab einen Kredit gewährt und damit eine Entwicklung ermöglicht, die uns aus eigenen Kräften nicht möglich gewesen wäre. Auch das Vertrauen, ohne das menschliches Zusammenleben nicht möglich wäre, setzt positive Zuschreibungen voraus. Grund- und Weltvertrauen wird geweckt durch das Vertrauen, das andere in uns setzen und so aus uns herauslocken.

In der Interaktion Jesu mit den zehn Aussätzigen geschieht eine solche Kreditierung. Sie weckt in diesen die Kraft zum Aufbruch. Im Vertrauen auf die Verheißung, die ihnen gegeben wird, machen sie sich auf einen neuen Weg, der sie in die Gemeinschaft zurückführt. Bei dem einen, der nochmals zurückkehrt, führt der Weg noch eine Etappe weiter. Die heilende Kraft wird ihm ein zweites Mal zugesprochen und so bekräftigt. Dass es ein Fremder ist, dem dies widerfährt, ist für das Verständnis des therapeutischen Wirkens Jesu bedeutsam. Das Heilende verströmt sich bedingungslos und erreicht Menschen unabhängig von ihrer Zugehörigkeit – auch unabhängig davon, ob sie es erkennen und sich zu ihm bekennen. *Alle zehn Aussätzigen werden geheilt.*

Diese Erzählung kann als Parabel gelesen werden, die den christlichen Heilungsauftrag insgesamt umreißt. Benennt sie doch unterschiedliche Formen und Dimensionen von Heilung und bringt sie in ein differenziertes Verhältnis zueinander. Körperliche Heilung und soziale Reintegration sind gemäß dieser Parabel zwar grundlegend, doch nicht die ganze Geschichte. Heilung ist, wenn auch nicht immer bewusst, stets mit einer spirituellen Lebensdimension verbunden. Wo diese ans Licht tritt, mündet Heilung in Gebet und Gottesdienst, in einen vertieften Glauben. Der Geheilte, der umkehrt und zu Jesus zurückkehrt, ist am Ende mehr als nur gesund. Er hat in einen Segensfluss hineingefunden, der ihn weiterträgt.

„Geh und wasch dich siebenmal im Jordan!"
(2 Kön 5,1–19)

Wenn neutestamentliche Erzählungen davon berichten, dass Aussätzige geheilt und aus sozialer Isolation befreit werden, knüpfen sie an Geschichten an, die damals schon uralt sind. Zu ihnen gehört jene, die davon erzählt, wie Elischa einen aramäischen Feldherrn heilt. Da Jesus sich wie Elischa in der Nachfolge des Elija verstand (Lk 4,27) und selbst Aramäisch sprach, dürfte ihm diese Erzählung besonders wichtig gewesen sein. Hat sie in ihm den Wunsch geweckt, die heilsame Kraft, von der diese Geschichte erzählt und die sie vermittelt, selbst weiterzugeben?

2 Kön 5,1 Naaman, der Feldherr des Königs von Aram, galt viel bei seinem Herrn und war angesehen; denn durch ihn hatte der HERR den Aramäern den Sieg verliehen. Der Mann war tapfer, aber an Aussatz erkrankt. 2 Nun hatten die Aramäer bei einem Streifzug ein junges Mädchen aus dem Land Israel verschleppt. Es war in den Dienst der Frau Naamans gekommen. 3 Es sagte zu seiner Herrin: Wäre mein Herr doch bei dem Propheten in Samaria! Er würde seinen Aussatz heilen.

Der biblische Erzähler stellt uns einen siegreichen, angesehenen und begüterten General vor Augen, nicht ohne sogleich anzumerken: All das ist nicht dessen eigenes Verdienst! Nicht weil Naaman Großes geleistet hätte, ist seine Geschichte erzählenswert, sondern weil Gott Großes durch ihn gewirkt hat. Der Erzähler sieht Naaman, anders als dieser sich selbst, nicht in erster Linie als Akteur, sondern eher als Medium. Auf dem Höhepunkt seines Erfolgs angekommen, ereilt ihn ein Unglück, das durch die soldatische Tapferkeit, der er so viel verdankt, nicht zu bezwingen ist. Der Aussatz ist stärker als alle bisherigen Gegner und setzt ihn mit einem Schlag außer Gefecht. Die Isolation, in die ihn seine Krankheit treibt, ist weit weniger radikal als jene der Aussätzigen, denen Jesus später begegnen wird. Doch trifft die Krankheit den General schwer. Handelt es sich um eine göttliche Bestrafung für Kriegsverbrechen? Da die Erzählung davon ausgeht, dass in dem, was Menschen tun und erleiden, Gottes Kraft wirksam ist, wäre dies erwartbar. Doch verzichtet die Erzählung auf eine solche Deutung, was als indirekter Hinweis zu lesen ist, dass sich Gottes Wirken im Heil, nicht im Unheil zeigt.

Die Menschen, für welche diese Erzählung geschrieben wurde, dürften kein Mitleid mit Naaman empfunden haben. Hatte dessen Armee nicht ihr Land ausgeplündert? Haben seine Soldaten nicht getötet, vergewaltigt und verschleppt? Nicht der General wird als Identifikationsfigur eingeführt, sondern das Mädchen, das fern der Heimat gefangen gehalten und zum Sklavendienst gezwungen wird. Mit ihm beginnt eine Gegengeschichte, welche die Sieger- und Heldengeschichte, die dieser General verkörpert, umkehrt. Die Erzählung nimmt die revolutionäre Logik des Magnifikat vorweg (Lk 1,46–55).

Der entscheidende Hinweis, der Naaman aus seiner Misere herausführt, kommt nicht aus dem Munde eines Schriftgelehrten oder königlichen Beraters, sondern von einer jungen Sklavin aus dem gegnerischen Lager. Im Gespräch mit ihrer Herrin erinnert sie sich an einen Propheten in ihrer Heimat. Da er als Glaubenseiferer bekannt ist und seine Heilkräfte kaum in den Dienst eines verfeindeten Volks stellen dürfte, wählt das Mädchen die Wunschform: „Wäre mein Herr doch bei dem Propheten in Samaria! Er würde seinen Aussatz heilen." Das ist auch als Friedenswunsch zu verstehen: „Würde doch die Feindschaft zwischen Aram und Israel aufhören, so dass es möglich wäre, als Aramäer diesen Heilpraktiker zu konsultieren!"

Als diese Erzählung niedergeschrieben wurde, dürfte dieser Wunsch bereits in Erfüllung gegangen sein. Nach dem Untergang des aramäischen Königreiches im Jahre 732 v. Chr. stellten die Aramäer für Israel keine Bedrohung mehr dar. Gleichzeitig setzt sich das Aramäische als gesprochene Sprache in Palästina durch, so dass das Fremde schrittweise zum Eigenen wurde. Die Erzählung vergegenwärtigt also einen vergangenen Konflikt, zu dem Naaman selbst beigetragen hat. Um geheilt zu werden, muss er auf seinen Gegner zugehen. Der siegreiche General, der gewohnt ist, zu befehlen und durchzugreifen, muss lernen, um Hilfe zu bitten und zuzuhören. Das gelingt ihm nicht sofort.

4 Naaman ging zu seinem Herrn und meldete ihm: Das und das hat das Mädchen aus Israel gesagt. 5 Der König von Aram antwortete: So geh doch hin; ich werde dir ein Schreiben an den König von Israel mitgeben. Naaman machte sich auf den Weg. Er nahm zehn Talente Silber, sechstausend Schekel Gold und zehn Festkleider mit 6 und überbrachte dem König von Israel das Schreiben. Es hatte folgenden Inhalt: Wenn jetzt dieser Brief zu dir gelangt, so wisse: Ich habe meinen Knecht Naaman zu dir geschickt, damit du seinen Aussatz heilst. 7 Als der König von Israel den Brief gelesen hatte, zerriss er seine Kleider und rief: Bin ich denn ein Gott, der töten und zum Leben erwecken kann? Er schickt einen Mann zu mir, damit ich ihn von seinem Aussatz heile. Merkt doch und seht, dass er nur Streit mit mir sucht!

Naaman nutzt seine Beziehungen und bittet den König um ein Empfehlungsschreiben. Damit wird die Erkrankung des Generals zur Staatsangelegenheit. Mit dem Empfehlungsbrief bricht Naaman nach Israel auf, nicht mehr als Eroberer mit einer Armee, sondern als Kranker und Heilungssuchender. Ganz unbewaffnet? Nicht ganz, ist er doch bestens ausgerüstet mit Bargeld und wertvollen Kleidern. Die Behandlung darf etwas kosten. Naaman meint also, den Heilungsprozess steuern und kontrollieren zu können. Doch ein Missverständnis gefährdet seine Bemühungen. Worauf bezog sich der Hinweis des verschleppten Mädchens? Auf den Propheten in Samaria. Das Empfehlungsschreiben trägt jedoch eine andere Adresse. Es richtet sich an den König in Jerusalem. Wie die Sterndeuter in der Weihnachtsgeschichte klopft Naaman zunächst an die falsche Tür. In Jerusalem löst das aramäische Schreiben Befremden aus. Man wittert eine Provokation, ein politisches Manöver.

Wie konnte es zu dieser Kommunikationspanne kommen? Hat Naaman seiner Frau (oder diese ihrer Sklavin) ungenau zugehört und dem aramäischen König eine falsche Information gegeben? Oder liegt das Missverständnis beim König von Aram? Vielleicht ist es auch ein Versehen des königlichen Schreibers. Oder nimmt sich der König von Israel zu wichtig und übersieht, dass es sich um ein höflich formuliertes Gesuch handelt, den Propheten in Samaria konsultieren zu dürfen? Für eine solche Vermittlung ist der König in Jerusalem allerdings kaum geeignet. Denn Elischa ist kein Höfling, sondern ein frommer Oppositioneller. Das wird Naaman erfahren müssen. Dass es dem König nicht in den Sinn kommt, den Propheten einzubeziehen, ist kein Zufall. Ihr Verhältnis ist angespannt.

Naamans erster Versuch, in Israel geheilt zu werden, endet in einem politischen Eklat. Undiplomatisch und schroff wird er abgewiesen. Das Verhalten des israelischen Königs ist gefährlich, gleicht einer selbsterfüllenden Prophezeiung, die einen alten Konflikt neu zu entflammen droht. Die Kunde davon erreicht auch den Propheten in Samaria, der nun die Initiative ergreift. Elischa tritt im zweiten Buch der Könige als leuchtendes Gegenbild zum Jerusalemer König auf, der mit seiner unklugen Machtpolitik Israel gefährdet. Gemeinsam mit seinem Mentor Elija markiert Elischa den Anfang dessen, was der Philosoph Karl Jaspers als achsenzeitliche Wende bezeichnete.[7] Die neue Schriftkultur, die in dieser Zeit entsteht, eröffnet die Möglichkeit, sich gegenüber politischen und religiösen Strukturen und Praktiken, die als sakrosankt galten, kritisch zu distanzieren.

Bis zum achsenzeitlichen Umbruch waren religiöse Institutionen unlösbar mit dem Königtum verknüpft. Sie legitimierten seine Macht, indem sie diese sakralisierten. Jeder König hielt Priester und Propheten, die in seinem Dienst agierten, für Fruchtbarkeit und militärischen Erfolg Opfer darbrachten oder Orakel lieferten. All dem entzogen sich Elija und Elischa. Sie waren keine Staatsbeamten mehr, sondern glichen eher politischen Dissidenten der Gegenwart. Sie stellten sich der Willkür der Könige entgegen, kritisierten deren Politik im Namen Gottes. Mit ihnen entstand in Israel eine neue Form von Prophetie, die nicht mehr an Kultpraktiken gebunden war, nicht mehr im Dienst von Politik und Ökonomie stand, sondern aus einer neuen Geistunmittelbarkeit lebte.

Die beiden Königsbücher erzählen den konfliktreichen Übergang zu einer neuen Form der Gottesverehrung. Die religiöse Welt, die Elija und Elischa kritisieren, ist sinnlich und ganzheitlich. Für jede Lebensnot gibt es eine bestimmte Instanz, an die man sich wenden kann, der man sich anvertrauen darf. Doch die neuen Propheten misstrauen dieser Nützlichkeitsreligion, sie kritisieren die religiöse Verherrlichung königlicher Macht, den verstohlenen Versuch, das Göttliche für weltliche Zwecke in Anspruch zu nehmen. Die göttliche Wirklichkeit, auf die sich Elija und Elischa berufen, ist nicht manipulierbar. Sie wirkt eigenaktiv und durchkreuzt menschliche Vorgaben und Erwartungen. Und sie ist universal. Das verändert die Rolle der Propheten. Aus Kultbeamten werden Mahner und Visionäre. Mit Berufung auf eine göttliche Eingebung treten sie Königen und anderen Potentaten entgegen, konfrontieren die vielen Götter mit dem einen Gott. Die Botschaft, mit der Jesus Jahrhunderte später auftreten wird, liegt in der Fluchtlinie dieser neuen Prophetie.

In Naaman und Elischa begegnen sich zwei Welten. Die Sehnsucht nach Heilung überbrückt den Abgrund zwischen beiden. Die Unreinheit des Aramäers ist auch religiöser Art. Wahrhaft göttlich ist, wer die Macht hat, zu heilen und zu verlebendigen. Die Götter, die Naaman verehrt, haben sie nicht. Der Prophet in Samaria ist seine letzte Hoffnung. Doch ist dieser bereit, einen Götzendiener und Kriegsverbrecher zu behandeln?

8 Als der Gottesmann Elischa hörte, der König von Israel habe seine Kleider zerrissen, ließ er ihm sagen: Warum hast du deine Kleider zerrissen? Naaman soll zu mir kommen; dann wird er erfahren, dass es in Israel einen Propheten gibt. 9 So kam Naaman mit seinen Pferden und Wagen und hielt vor dem Haus Elischas. 10 Dieser schickte einen Boten zu ihm hinaus und ließ ihm sagen: Geh und wasch dich siebenmal im Jordan! Dann wird dein Leib wieder gesund und du wirst rein. 11 Doch Naaman wurde zornig. Er ging weg und sagte: Ich dachte, er würde herauskommen, vor mich hintreten, den Namen JHWHs, seines Gottes, anrufen, seine Hand über die kranke Stelle bewegen und so den Aussatz heilen. 12 Sind nicht der Abana und der Parpar, die Flüsse von Damaskus, besser als alle Gewässer Israels? Kann ich nicht dort mich waschen, um rein zu werden? Voll Zorn wandte er sich ab und ging weg.

Die Einladung des Propheten befreit Naaman aus der Notlage, in die er geraten ist. Er kann neue Hoffnung schöpfen und erinnert sich an die Verheißung, die ihn hat aufbrechen lassen. Erwartungsvoll fährt er mit seiner Entourage von Jerusalem nach Samaria. Er stellt sich auf die Begegnung mit dem Propheten ein und malt sich aus, wie die Heilung verlaufen wird. Gewiss würde der Wunderarzt zu ihm herauskommen, ihn respektvoll begrüßen und ihn dann in seinen Therapieraum führen. Er stellt sich vor, wie dieser ein Gebet zum Gott Israels sprechen und seine Hände ausstrecken wird. Es ist eine angenehme, schmerzlose und rasche Kur, die sich der General in seinen Phantasien vergegenwärtigt, ebenso wie einen kompetenten, freundlich zugewandten Heiler.

Doch kommt es anders. Der Prophet verhält sich befremdlich. Gegen alle Regeln der Gastfreundschaft fertigt er Naaman durch einen Diener ab. Er erinnert an jene vielbeschäftigten Ärzte, die gar nicht erst mit ihren Patienten sprechen, sondern ihnen gleich eine Therapie verordnen. Elischa scheint seinen Therapieplan vorab ausgearbeitet und sich für eine homöopathische Kur entschieden zu haben. Er wird Gleiches durch Gleiches behandeln. Dass er den General draußen vor der Tür stehenlässt, ist Teil davon.

Die zu behandelnde Hautkrankheit ist, so darf vermutet werden, Symptom eines umfassenderen Problems. An seiner Haut, die ihn spürbar begrenzt, zeigt sich Naamans Mühe mit Grenzen. Von Berufs wegen ist er Grenzverteidiger und Grenzverletzer, ein Instrument aramäischer Sicherheits- und Expansionspolitik. In religiöser Hinsicht steht es um ihn kaum besser. Als Polytheist vermischt er, biblisch beurteilt, die Grenzen zwischen Göttlichem und Menschlichem.

Elischas Kur ruht auf zwei Standbeinen: Expositionstherapie und Badekur. Erstere ist hart und schmerzlich, letztere sanft und beruhigend. Am Anfang steht die unsanfte Konfrontation mit einer deutlich markierten Grenze. Die Tür zum Hause des Propheten bleibt verschlossen. Ist es Naaman gewohnt, gewaltsam in fremde Welten einzubrechen, gilt es nun zu lernen, Grenzen wahrzunehmen und sie zu respektieren. Wieso wird der General jedoch an den Jordan hinabgeschickt? Weil dieser Fluss für eine grundlegende Grenze steht. Er markiert die Schwelle zum Gelobten Land, die Naaman einst mit seiner Armee frevelhaft übertreten hat. Um ihn diese Grenze wahrnehmen zu lassen, hat der Prophet sich ein besonderes Reinigungsritual ausgedacht. Es soll einen umfassenden Neubeginn ermöglichen. Denn um in den Fluss zu steigen, muss Naaman seine Rüstung ablegen, sich entblößen, sich verletzlich machen.

Das geht dem Feldherrn zu weit. Der biblische Erzähler gewährt an dieser Stelle erstmals einen unmittelbaren Einblick in dessen Innenwelt. Wir erfahren nun direkt von seinen Wachphantasien, Gedanken und Emotionen. Wir können nachvollziehen, weshalb er sich so und nicht anders verhält. Elischas Expositionstherapie macht das Verborgene offenbar. Sie fördert Selbstwahrnehmung und Selbsterkenntnis. Doch Naaman reagiert mit Wut, droht davonzulaufen. Er ist an einer empfindlichen Stelle getroffen. Ist das Verhalten dieses Propheten ihm gegenüber nicht empörend? Wird er nicht wie ein Aussätziger behandelt, lächerlich gemacht?

Für eine schlichte Badekur hätte er die weite Reise nicht auf sich nehmen müssen. Gibt es doch in Damaskus herrlich klare und tiefe Flüsse – nicht zu vergleichen mit diesem unbedeutenden Gewässer. In seiner Selbstverblendung mangelt es Naaman am Sinn für die feinen Unterscheidungen. Ihm fehlt der Blick für das Einzigartige, für die besondere Qualität des Jordans, er hat kein Gespür für die Grenze, an der man heiligen Boden betritt. Er verkennt damit die Einzigartigkeit des Gottes Israels, der nicht einfach ein Volksgott ist, der sich aufs Heilen von Hautkrankheiten spezialisiert haben mag, aber in militärischen Belangen den aramäischen Göttern unterlegen ist.

Auch Naamans zweiter Versuch, geheilt zu werden, droht zu scheitern – an ihm selbst. Er müsste lernen, sich helfen zu lassen, müsste einsehen, dass er seine Heilung nicht durch kluge Verhandlung und materielle Zuwendungen erwirken kann. Stattdessen zeigt er sich von seiner problematischen Seite: sein Hochmut und seine Härte kommen ans Licht. Sein Zorn und Unmut machen ihn blind für die feinen Unterschiede und treiben ihn in die Flucht. Die höfliche Maske des Bittstellers fällt ab. Der Heilungssuchende wendet sich ab, verschließt sich gegenüber dem therapeutischen Angebot. Hätte er nicht gute Begleiter, wäre die Geschichte hier zu Ende.

13 Doch seine Diener traten an ihn heran und redeten ihm zu: Wenn der Prophet etwas Schweres von dir verlangt hätte, würdest du es tun; wie viel mehr jetzt, da er zu dir nur gesagt hat: Wasch dich und du wirst rein. 14 So ging er also zum Jordan hinab und tauchte siebenmal unter, wie ihm der Gottesmann befohlen hatte. Da wurde sein Leib gesund wie der Leib eines Kindes und er war rein.

Im Laufe seiner militärischen Karriere wird Naaman regelmäßig Gewalt ausgeübt haben, anderen und sich selbst gegenüber. Das erklärt die harte Schale, die ihn umgibt und unempfindlich macht für fremde Not und Grenzen, die respektiert werden wollen. Seine Hautkrankheit nagt an diesem Panzer und reißt Löcher in die Membran zwischen innen und außen. Als unter Aussatz Leidender gilt Naaman nun als Einfallstor unreiner Kräfte und Säfte, als Gefahr für eine Gesellschaft, die sich über klare Aus- und Eingrenzungen definiert. Die prophetische Kur lässt ihn schließlich mit seinen eigenen Grenzen ‚ins Reine‘ kommen, indem sie ihn dabei unterstützt, diese genauer wahrzunehmen und auf seinen erkrankten Körper zu hören. Es ist den geduldigen Beratern zu verdanken, dass er sich auf diese Kur einlässt, die ihm absurd erscheint. Sie appellieren an seine Vernunft: „Wenn der Prophet etwas Schweres von dir verlangt hätte, würdest du es tun." In anderen Worten: „Warum versuchst du es nicht einfach einmal mit dieser anspruchslosen Badekur?"

Dass Naaman diesen guten Rat ohne weitere Diskussion beherzigt, offenbart eine Bereitschaft, eigene Vorurteile zu revidieren. War es der Hinweis des verschleppten Mädchens – und vielleicht der Rat seiner Frau, diesem Hinweis zu vertrauen –, der ihn auf den

Weg brachte, so ist es nun der vernünftige Rat seiner Begleiter, der ihn vor einem übereilten Therapieabbruch bewahrt. Wir erfahren nicht, in welcher Stimmung er sich neu auf den Weg macht. Doch die Richtung ist klar: Den Aufsteiger erwartet ein markanter Abstieg. Von Samaria bis zum Jordan geht es gegen 1.000 Meter hinunter. Im Jordantal, der tiefsten Ebene der Welt, soll Naaman noch einen weiteren Schritt in die Tiefe hineinwagen. Siebenmal soll er in den Fluss steigen und untertauchen. Das kann als Reinigungsritus, als symbolisches Sterben und Neuwerden verstanden werden. Die Siebenzahl deutet auf einen langsamen Heilungsprozess hin. Naamans Persönlichkeit bedarf einer tiefgreifenden Umgestaltung, einer Neuschöpfung.

Der Kranke taucht in eine liminale Zone ein. Im Jordan verfließen die Grenzen, der Panzer beginnt sich aufzulösen. Am Ende steigt der einst dickhäutige Krieger mit einer verletzlichen Kinderhaut aus dem Fluss. Nun kann er als Geläuterter ins Gelobte Land einziehen, als Empfangender, nicht als Eroberer. Als Fremder wird er zum Urbild all jener, die durch die Taufe Anteil bekommen an Israels Verheißungen und Hoffnung. In der griechischen Version des biblischen Textes steht für Untertauchen *baptizein*, weshalb es für frühe christliche Ausleger nahe lag, in Naamans Heilung einen Hinweis auf die christliche Taufe zu sehen.

15 Nun kehrte er mit seinem ganzen Gefolge zum Gottesmann zurück, trat vor ihn hin und sagte: Jetzt weiß ich, dass es nirgends auf der Erde einen Gott gibt außer in Israel. So nimm jetzt von deinem Knecht ein Dankgeschenk an! 16 Elischa antwortete: So wahr JHWH lebt, in dessen Dienst ich stehe: Ich nehme nichts an. Auch als Naaman ihn dringend bat, es zu nehmen, lehnte er ab. 17 Darauf sagte Naaman: Wenn es also nicht sein kann, dann gebe man deinem Knecht so viel Erde, wie zwei Maultiere tragen können; denn dein Knecht wird keinem andern Gott mehr Brand- und Schlachtopfer darbringen als JHWH allein. 18 Nur dies möge JHWH deinem Knecht verzeihen: Wenn mein Herr zur Anbetung in den Tempel Rimmons geht, stützt er sich dort auf meinen Arm. Ich muss mich dann im Tempel Rimmons niederwerfen, wenn er sich dort niederwirft. Dann möge das JHWH deinem Knecht verzeihen. 19 Elischa antwortete: Geh in Frieden!

Am Ende wird Naaman mehr geschenkt, als er gesucht hat: nicht allein körperliche Heilung, sondern eine neue Lebensausrichtung. Es erstaunt nicht, dass es ihn nochmals zurück nach Samaria zieht. Er tut es aus freien Stücken, ohne prophetischen Auftrag. Die aramäische Reisegruppe hätte sich den mühsamen Aufstieg nach Samaria ersparen und flussaufwärts heimkehren können. Naaman verhält sich wie der Aussätzige in Lk 17, der nochmals zu dem zurückkehrt, dem er seine Heilung verdankt. Therapeutisch ist diese Rückkehrbewegung von großem Gewicht. Sie dient der Integration des Erlebten ebenso wie einer spirituellen Vertiefung der körperlichen Heilung. In Naamans Fall ist sie ebenso ein Weg der Umkehr und Sammlung: von den vielen Göttern Arams zum einen Gott Israels.

Die zweite Begegnung zwischen dem General und dem Propheten verläuft deutlich anders als die erste. Auch Elischa wirkt verändert und gleicht nun einem Arzt, der fähig ist, schweigend und interessiert zuzuhören. Seine Umkehr bekundet Naaman durch ein tastendes Glaubensbekenntnis und ein großzügiges Geschenk, seine erste Opfergabe an den Gott Israels. Warum weigert der Prophet sich, diese Dankesgabe entgegenzunehmen? Sie entspricht seiner Distanz zum politischen Establishment und dem Übergang von Tauschlogik zum Gabe-Wunder. Gott ist fließendes Licht, das sich selbstlos verschenkt und den Menschen dadurch aus seinen Leistungs- und Vergeltungszwängen befreit. Elischa zieht eine Grenze, die seine Unabhängigkeit wahrt und die verdeutlicht, dass nicht er selbst die Heilung vollbracht hat, dass er nur weitergibt, was er selbst empfangen hat. Als Prophet ist er nur Vermittler.

Anders als bei der ersten Zurückweisung reagiert Naaman nicht mehr mit Wut, sondern respektvoll und bescheiden. Er hat gelernt, Grenzen zu respektieren. Und er merkt, dass er mit seinem Dankgeschenk an der falschen Adresse ist. Um seine Dankbarkeit zum Ausdruck zu bringen, braucht es einen passenden Ort. Der heilige Boden, auf dem er Fuß gefasst hat, soll nach seiner Rückkehr zugänglich bleiben. Um zuhause einen Ort der Anbetung zu errichten, erbittet er dafür so viel heilige Erde, wie zwei Maultiere zu tragen vermögen. Das sind gut 300 kg – ein gewichtiges Souvenir! Sein Umfeld wird sich an einem solchen neuen Tempel nicht stoßen. Doch wie soll er künftig mit seiner Amtspflicht umgehen, den König an Feiertagen in den Tempel zu begleiten, um dort gemeinsam mit diesem den aramäischen Gott Rimmon zu verehren? Er kann sich in Damaskus nicht als konsequenter Monotheist outen, ohne zum Staatsfeind zu werden. Seine Heilung war zwar unentgeltlich, doch hat sie weitreichende Konsequenzen. Naaman hat in eine neue Gemeinschaft hineingefunden; das bringt ihn in Loyalitätskonflikte. Wie kann er in sein angestammtes

Umfeld zurückkehren, ohne zu verleugnen, was er neu entdeckt hat, und ohne dabei erneut ausgegrenzt zu werden?

Bestimmt weiß der Prophet einen Ausweg aus diesem Dilemma! Doch dieser entlässt Naaman ohne Rat und Weisung. Er mutet ihm zu, einen eigenen Weg mit seiner neuen Doppelzugehörigkeit zu finden. Doch was er ihm mitgibt, ist nicht wenig – sein Segen: „Geh deinen Weg mit versöhntem Herzen! Der Gott des Friedens wird dich begleiten!"

Sammlung: Vom Vielen zum Einen

Elischa tritt weder als Magier noch als Wunderheiler auf. Er spricht keine geheimnisvollen Formeln, sondern er führt Naaman auf ebenso herausfordernde wie diskrete Weise vom Vielen zum Einen – hinein ins Geheimnis des einen Gottes. Die heilsame Gegenwart Gottes vermittelt sich in vielfältiger Weise, ohne in diesen Medien aufzugehen. Was Naaman aufgetragen wird, gleicht einer heutigen Rehabilitationskur mit begleitender Psychotherapie. Schritt für Schritt lernt der General, sich selbst wahrzunehmen, eigene und fremde Grenzen anzuerkennen, die Freiheit anderer zu respektieren. Und in all dem erschließt sich dem Genesenden eine neue und fremde Welt: die Wirklichkeit des einen Gottes.

Die Geschichte von Naamans Heilung steht zu Beginn einer Tradition, die viele Jahrhunderte später die Erzählungen hervorbringt, die in diesem Buch im Zentrum stehen. Gemeinsam ist ihnen, dass sie nicht nur von Heilungsprozessen berichten, sondern selbst heilsam sein können. Denn therapeutische Prozesse leben vom Erzählen und sind auf Geschichten angewiesen, die auf positive Entwicklungsmöglichkeiten aufmerksam machen. Wessen Lebenspläne durch eine Krankheit oder einen Umfall über den Haufen geworfen werden, der steht vor der Frage: Wie geht es weiter? Worauf kann ich noch hoffen? Was bedeutet es, in einem bleibend versehrten Körper oder im Angesicht des Todes weiterzuleben? Heilungsgeschichten führen ins Zwischenreich tagträumerischer Hoffnung. In ihm können neue Lebensmöglichkeiten ausphantasiert und erprobt werden. Biblische Heilungsgeschichten sind Hoffnungsgeschichten. Sie entfalten ihr therapeutisches Potenzial, wenn sie neu erzählt und weiterimaginiert werden, wenn die Erzählenden und Hörenden sich in ihnen wiederfinden, sich durch sie sammeln lassen vom Vielen zum Einen.

„Steh auf, nimm deine Bahre und geh!"
(Mk 2,1–12)

Oft ist das heilende Wirken Jesu abhängig von günstigen Rahmenbedingungen, von der Sabbatruhe und geschützten Orten, an denen jemand zu sich kommen und sich öffnen kann. Doch manchmal geschieht Heilung mitten im Gedränge:

Mk 2,1 Als er nach einigen Tagen wieder nach Kafarnaum hineinging, wurde bekannt, dass er im Hause war. 2 Und es versammelten sich so viele Menschen, dass nicht einmal mehr vor der Tür Platz war; und er verkündete ihnen das Wort. 3 Da brachte man einen Gelähmten zu ihm, von vier Männern getragen. 4 Weil sie ihn aber wegen der vielen Leute nicht bis

*zu Jesus bringen konnten, deckten sie dort, wo Jesus war, das
Dach ab, schlugen die Decke durch und ließen den Gelähmten
auf seiner Liege durch die Öffnung hinab. 5 Als Jesus ihren
Glauben sah, sagte er zu dem Gelähmten: Mein Sohn, deine
Sünden sind dir vergeben! 6 Einige Schriftgelehrte aber, die dort
saßen, dachten in ihrem Herzen: 7 Wie kann dieser Mensch so
reden? Er lästert Gott. Wer kann Sünden vergeben außer dem
einen Gott? 8 Jesus erkannte sogleich in seinem Geist, dass sie
so bei sich dachten, und sagte zu ihnen: Was für Gedanken habt
ihr in euren Herzen? 9 Was ist leichter, zu dem Gelähmten zu
sagen: Deine Sünden sind dir vergeben! oder zu sagen: Steh auf,
nimm deine Liege und geh umher? 10 Damit ihr aber erkennt,
dass der Menschensohn die Vollmacht hat, auf der Erde Sünden
zu vergeben – sagte er zu dem Gelähmten: 11 Ich sage dir: Steh
auf, nimm deine Liege und geh nach Hause! 12 Er stand sofort
auf, nahm seine Liege und ging vor aller Augen weg. Da gerieten
alle in Staunen; sie priesen Gott und sagten: So etwas haben wir
noch nie gesehen.*

Diese Erzählung führt uns vermutlich an einen bereits
bekannten Ort zurück: ins Haus des Simon, in dem
bereits eine Heilung geschehen ist. Es hat sich herum-
gesprochen, dass Jesus wieder da ist, das Wartezimmer
ist überfüllt. Was die Menschen in Scharen kommen
lässt, ist die Sehnsucht nach Heilung und vielleicht auch,
dass in dieser Praxis keine Behandlungsgebühr erhoben
wird. Das Bild wird sich in der weiteren Geschichte bis
in die Gegenwart wiederholen. Das attraktive Angebot
einer kostenfreien Behandlung und Heilung verbindet
das frühe Christentum mit zeitgenössischen kirchlichen
Gemeinschaften in China, Südostasien, Afrika und
Südamerika. Menschen nähern sich dem christlichen

Glauben an, weil sie sich Heilung erhoffen oder Heilung erfahren haben.

Wo Jesus verweilt, entsteht ein heiliger Raum, mögen die Rahmenbedingungen noch so ungünstig sein. Er spricht nicht nur von der heilsamen Nähe Gottes, sondern lässt sie präsent werden. Wer diesen Raum betritt, kann sie wahrnehmen. Im belebten Inneren dieses Hauses kehrt Ruhe ein, die Worte führen in die Sammlung. Doch bald schon wird die Ruhe gestört von einer Gruppe von Menschen, die sich nach vorne drängen. Sie tragen jemanden herbei, der es selbst nie geschafft hätte, diesen Raum zu betreten. Wie die Aussätzigen ist er an den Rand gedrängt worden. Wie sie steht er vor einer Mauer, die er nicht aus eigener Kraft überwinden kann. Er ist in einem Teufelskreis gefangen: Weil er gelähmt ist, kommt er zu spät, und weil er zu spät kommt, kann er nicht geheilt werden. Am blockierten Zugang zum Haus wiederholt sich sein Lebensproblem. Wir erfahren nichts über ihn, seine Geschichte oder seine Gefühle. Man mag darin seine Passivität und Kraftlosigkeit erkennen. Doch lässt sich diese unbestimmte Kontur ebenso als bewusste Leerstelle sehen, in die wir unsere Geschichte und Gefühle eintragen können.

Gerade in Zeiten des Gebets können wir uns in der Situation des Gelähmten wiederfinden: dem Heiligen nahe und doch von ihm getrennt durch absorbierende Gedanken, die uns vernebeln. Nach Teresa von Ávila ist dies die Ausgangssituation all jener, die sich auf den Weg des inneren Betens machen.[8] Der Eintritt in die innere Burg wird von Schwellendämonen erschwert, von Fliehkräften, die uns zurück nach außen ziehen. Eintreten bedeutet: alles zurücklassen, nackt werden, sich demaskieren lassen und dabei wahrnehmen und aushalten, was zum Vorschein kommt.

Die heilsame Begegnung wird durch Solidarität ermöglicht. Auf sich allein gestellt könnte der Gelähmte die Hindernisse, die sich ihm in den Weg stellen, nie überwinden. Doch umgeben ihn Menschen und Kräfte, die ihn unterstützen. Wir haben es mit einem Menschen zu tun, der bereit ist, sich helfen zu lassen, der es versteht, sich Unterstützung zu organisieren. Die vier Männer, die ihn hineintragen, sind nicht allein kräftig, sondern auch kreativ und wagemutig. Sie scheuen sich nicht vor unkonventionellen Methoden und gehen aufs Ganze, koste es, was es wolle. Sie tun etwas Ungehöriges. Sie steigen dem Heiler aufs Dach und verschaffen sich gewaltsam Zugang zu ihm. Jeder normale Mensch würde sich über eine solche Aktion ärgern. Nicht so Jesus. Im Einbruch von oben sieht er jene Kraft am Werk, die ihn selbst erfüllt.

Umgeben von den vier Trägern und der dicht gedrängten Menge liegt der Gelähmte nun vor Jesus. Nach dem kühnen Vorstoß zeigt sich seine Blockade umso deutlicher. Kein Wort bringt er über die Lippen. Wäre jetzt nicht der Moment, seine Not zur Sprache zu bringen? Wieso nur bleibt der Gelähmte so stumm? In dieser angespannten Situation verhält sich Jesus wie ein Lehrer, der merkt, dass ein stotterndes Kind sich in seiner Störung verfangen hat und nicht mehr herausfindet. Er übernimmt die Führung und bekundet Offenheit und solidarisierende Zuwendung, indem er den Gelähmten familiär mit „mein Sohn" anspricht. Damit signalisiert er ihm: Es ist gut, dass du hier bist! Ich sehe dich und schaue auf dich!

Umso verquerer klingt, was daran anschließt: „Deine Sünden sind dir vergeben!" Was hat um Gottes Willen die

Not dieses Mannes, das Leiden an einer Behinderung, mit dem zu tun, was biblisch Sünde heißt? Die Umstehenden stoßen sich an etwas anderem: „Darf der das?" Macht sich dieser Heiler nicht einer viel gewichtigeren Grenzverletzung schuldig, als jene sie begehen, die in ein fremdes Haus einbrechen und dabei das Dach beschädigen?

Therapeutisches Wirken bedarf einer Qualifikation und Bevollmächtigung. Heilsam kann nur wirken, wer um seine Grenzen weiß und zu ihnen steht. Wie steht es um die Kompetenzen und Befugnisse dieses Heilers? Maßt er sich nicht an, tun zu können, was nur Gott vermag: Menschen aus ihrer Selbstverschlossenheit zu befreien? Beansprucht er, an der Stelle Gottes zu handeln? Man kann es auch anders verstehen. Gewiss: Der Zuspruch, „Deine Sünden sind dir vergeben!", erscheint als performativer Akt, als rechtsgültige Freisprechung: „Ich erkläre dich für unschuldig!" Doch könnte es sich ebenso um die Feststellung eines Sachverhaltes handeln, der schon gegeben ist.

Der Kontext dieser Aussage weist zumindest in diese Richtung. Jesus bekräftigt mit seinen Worten, was gerade dabei ist, Wirklichkeit zu werden: die Nähe Gottes ebenso wie der Glaube und die Solidarität, die daraus entstehen. Wie bei der Heilung der Aussätzigen nimmt Jesus eine Bewegung auf, die auf ihn zukommt und zugleich ihn über sich hinausführt. Wo er auftritt, erfahren sich Menschen aus ihrer ausgrenzenden Selbstbezogenheit befreit und neu orientiert. Damit tritt er an die Stelle des Tempels und unvermeidlich in Konkurrenz zu ihm. Durch seine Präsenz schafft er einen heiligen Raum und öffnet einen Zugang zu diesem. Er tut, was auch die vier Freunde des Gelähmten tun.

Die kühne Aktion des Gelähmten und seiner Begleiter dürfte ein Murren ausgelöst haben. Das Evangelium
schweigt davon, berichtet jedoch vom Unmut der Gesetzeshüter. Die Worte dieses Heilers haben eine auf-
deckende Kraft. Sie machen die „Gedanken des Herzens"
wahrnehmbar, den inneren Widerstand, der sich dem
heilenden Wirken widersetzt, es in Frage stellt. In den
skeptischen Besserwissern artikulieren sich Empörung
(„Wie kann dieser Mensch so reden?"), harte Urteile („Er
lästert Gott") und scharfe Anfragen („Wer kann Sünden
vergeben außer dem einen Gott?"). Hat die Lähmung,
um die sich diese Heilungsgeschichte dreht, mit diesen
Stimmen zu tun?

Niemand kann jemandem an Stelle eines anderen vergeben. Die Schriftgelehrten haben recht: Was Jesus dem
Gelähmten zuspricht, ist unerhört und widerspricht aller
Überlieferung. Doch so recht sie haben, so verkehrt ist
ihr Urteil. Ihre distanzierte Haltung versperrt ihnen den
Blick für das, was in diesem Augenblick geschieht. Fixiert
auf Prinzipien übersehen sie das Wunder des Neuanfangs.

Erstarrt und stumm verharrt der Gelähmte an dem
exponierten Ort, an den er sich vorgewagt hat. Die kri-
tischen Blicke derer, die in ihrem Herzen verurteilende
Gedanken tragen, fixieren ihn. Es braucht eine weitere
Initiative von außen, damit die Blockade sich löst und die
Geschichte weitergeht. Wie wird der frostige Stillstand
durchbrochen?

Negative Gedanken verlieren ihre Macht, wenn sie
aufgedeckt werden. Der Heiler vertraut dieser Einsicht,
wenn er den Umstehenden eine rhetorische Frage stellt:
„Was ist leichter, zu dem Gelähmten zu sagen: Deine
Sünden sind dir vergeben! oder zu sagen: Steh auf, nimm

deine Liege und geh umher?" Die Antwort liegt auf dem Tisch: *Sagen* lässt sich beides gleichermaßen leicht. Doch was wird damit erreicht? Bleibt es nicht im einen wie im andern Fall bei leeren Worten?

Die Erzählung vergegenwärtigt nicht nur die schroffe Ablehnung, mit der Heiler und Heilungsbedürftiger konfrontiert werden. Auch die Skepsis derer, denen diese Geschichte mitgeteilt wird, wird aufgerufen. Unvermittelt stehen sie, stehen wir, auf derselben Seite wie die misstrauischen Schriftgelehrten: Ist das Evangelium, von dem hier die Rede ist, nicht Schall und Rauch? Ist der Evangelist auf die Spur fabulierender Legendenschreiber geraten, die ihren heiligen Helden alle möglichen und unmöglichen Wundergeschichten zumessen?

Zu den Kennzeichen der Heilungspraxis Jesu gehört es, dass sie auf Vertrauen setzt. Nur wer sich auf ihn einlässt, wer es wagt, sich ihm auszusetzen und dem zu vertrauen, was er verheißt, erfährt die heilsame Kraft, die von ihm ausgeht. Vertrauen deblockiert. Ohne Vertrauen erstarrt der Lebensfluss. Der Gelähmte verlässt sich auf die Verheißung, die ihm zugesprochen wird: „Du kannst wieder gehen! Steh auf und mach dich auf den Weg!" Im selben Augenblick, in dem er es wagt, auf den eigenen Füßen zu stehen, ist seine Lähmung überwunden. Das Vertrauen, das dieses Wagnis möglich macht, ist responsiv. Es verdankt sich der Kraft dessen, der sich dem Gelähmten in vertrauenswürdiger Weise zuwendet, ihm sein verlässliches Wort gibt. Responsiv ist schließlich auch die neue Lebensorientierung, zu welcher der Geheilte am Ende findet. Jesus hilft ihm nicht nur auf die Füße. Er bestärkt ihn auch darin, den von lähmenden Stimmen besetzten

Raum zu verlassen und Schritte hinaus in die Weite zu wagen.

Weshalb soll der Geheilte seine Tragbahre mitnehmen? Steht sie nicht für ein überwundenes Leiden? Wäre es nicht viel passender, sie zurückzulassen, um umso unbeschwerter einen neuen Weg betreten zu können? Dem Geheilten wird mehr zugetraut, als sich mit Müh und Not auf wackligen Füßen zu halten. Er wird reichlich mit neuen Kräften ausgestattet. Aus dem Gelähmten, der sich von anderen tragen ließ, wird jemand, der selbst etwas tragen kann. Der Geheilte wird in Dienst genommen. Die Bahre wird zu einer Erinnerungshilfe, zum Mahnmal, im neuen Glück für sich Sorge zu tragen und auf seine Grenzen zu achten.

Das Schlussbild zeigt, dass die Blockaden tatsächlich gelöst sind und der Zugang zur heilsamen Gegenwart offensteht: Waren zu Beginn der Geschichte die Eingänge des Hauses verstopft, so hat der Geheilte nun freie Bahn. Mit der Bahre auf der Schulter geht er mitten durch die staunende Menge hindurch – nach draußen, ins Offene.

Pilgern: Zum Schauen aufbrechen

Das heilende Wirken Jesu ist verbunden mit einer Pilgerreise, die in Jerusalem enden wird. Die Kraft zu heilen nährt sich aus der Dynamik des Aufbruchs. Nicht verwunderlich also, dass viele neutestamentliche Heilungsgeschichten damit enden, dass die Geheilten aufbrechen und sich auf einen Weg machen. Das Ende ist der Anfang einer Pilgerreise. Damals wie heute findet eine Pilgerreise ihr Ziel in etwas, was über die Grenzen menschlichen Lebens hinausweist: Rom sehen und sterben! Die Verheißung, dass sich im Tempel zu Jerusalem der „Gott der Götter" schauen lässt, schenkt Kraft und Ausdauer, um Wüsten zu durchqueren (Ps 84,7f.).

Das antike Griechisch nannte das Schauereignis, in welchem eine Pilgerreise gipfelt: *theoria*, Kontemplation. Die neutestamentlichen Heilungserzählungen sind nicht nur mit der heiligen Zeit verbunden, sondern ebenso mit dem heiligen Ort. Der Sabbat und der Jerusalemer Tempel stehen für die göttliche Präsenz, aus der Jesus lebt und die er heilsam vergegenwärtigt. Die persönliche und die gemeinschaftliche Sammlung laufen aufeinander zu, wo Menschen in seiner Gegenwart zusammenkommen und in ihr Versöhnung mit sich und miteinander erfahren.

In seinem Bericht *¡Hola! bei Kilometer 410. Mit allen Sinnen auf dem Jakobsweg* zeichnet der evangelische Theologe Traugott Roser nach, wie die Pilgerreise von Saint-Jean-Pied-de-Port bis nach Santiago de Compostela für ihn zu einem Weg der Läuterung, des Loslassens und der Neuorientierung wurde. Roser erfährt auf dem Jakobsweg vielfältige Weisen der Heilung: „Nicht alles, aber vieles wurde geheilt oder zumindest auf einen Weg der Heilung gebracht, weil jemand, oft eine fremde Person, daran rührte, sich Zeit nahm, nicht zurückzuckte. Oft geschah das in ganz kurzen Begegnungen, auf einem kleinen gemeinsamen Stück des Weges, bei dem man in kurzer Zeit Vertrauen fasste. Oder in einer Herberge, wenn wir uns über unsere Erfahrungen und Anliegen austauschten."[9]

In der Begegnung mit einem südkoreanischen Pilger, der seine Fähigkeit als Akupunkteur belasteten Weggefährten kostenlos zur Verfügung stellt, wird Roser mit einer Lähmung konfrontiert, die er über Jahre nicht mehr wahrgenommen hatte:

Der südkoreanische Pilger „war erst auf mein ausgesprochenes Anliegen, meine Schulterschmerzen zu behandeln, eingegangen. Dann aber sah er mich an, fragte nach dem Augenlid, das seit meiner Geburt schon ein hängendes ist, und rührte an eine fast vergessene seelische Wunde. Das Wunder ist nicht, dass mein Augenlid plötzlich seine Lähmung verloren hätte. Das Wunder ist, dass ich mich gesehen, geradezu erkannt fühlte. Durch den wachen und einfühlsamen Blick eines anderen ist ein heilsamer innerer Prozess in mir angestoßen worden."[10]

Im Laufe der Pilgerreise kommen weitere Heilungserfahrungen hinzu. Der Christuserfahrung bei Kilometer 410 des *Camino Francés*, dem Brennpunkt dieses Pilgerberichts, geht die Befreiung von einem Ohrengeräusch voraus. Vier Tage später kommt der Pilger mit einem tiefsitzenden seelischen Schmerz in Kontakt: der Trauer um seinen Ehepartner, der einige Jahre zuvor an Krebs gestorben war. Begleitet und getragen von der Solidarität von Weggefährten vermag der Pilger schließlich am *Cruz de Ferro* die Last abzulegen, die sein Leben über viele Jahre überschattet hat.

Worin besteht die heilsame Kraft des Pilgerns, von denen auch zeitgenössische Texte berichten? Das Pilgern führt in einen liminalen Raum, in dem sich Lebensrhythmen und -gewohnheiten neu konfigurieren. Wer sich auf eine Pilgerreise aufmacht, befreit sich aus dem Hamsterrad beruflicher und familiärer Beanspruchung, lässt den Alltag hinter sich und tritt in eine Zeit ein, in der sich lange verdrängte Stimmen, Nöte und Behinderungen melden. Roser macht darauf aufmerksam, dass im Pilgern die physische, psychische, soziale und spirituelle Dimension menschlichen Lebens angesprochen und ‚schrittweise' aktiviert werden. Der „physische Camino" mit seinen Strapazen und Herausforderungen ist das Tor für psychische und spirituelle Heilung. Der Körper der Pilgernden gewöhnt sich mit der Zeit an einen neuen, gemächlichen Rhythmus, an die Belastungen des Weges. Das öffnet den Raum für Seele und Geist.

Pilgern radikalisiert die menschliche Grundsituation. In sinnlicher Prägnanz erfahren Pilgernde, was der geschäftige Alltag verdeckt: leidvolle Grenzen und verheißungsvolle Tiefen. Pilgern verwesentlicht. Es wirkt dadurch therapeutisch, dass es Menschen mit Kräften in Kontakt bringt, die nur ins Fließen kommen, wo der Neuaufbruch gewagt wird. „Steh auf, nimm deine Bahre und geh!"

In der nächsten Heilungserzählung des Markusevangeliums wird diese Dynamik weitergeführt.

„Steh auf und stell dich in die Mitte!"
(Mk 3,1–6)

Wie schon während seines ersten Aufenthalts in Kafarnaum bewegt sich Jesus zwischen dem Haus des Simon und der Synagoge hin und her. Die Heilungen, die an diesen beiden Orten stattfinden, sind wiederum aufeinander bezogen.

Mk 3,1 Als er wieder in die Synagoge ging, war dort ein Mann mit einer verdorrten Hand. 2 Und sie gaben Acht, ob Jesus ihn am Sabbat heilen werde; sie suchten nämlich einen Grund zur Anklage gegen ihn. 3 Da sagte er zu dem Mann mit der ver-

dorrten Hand: Steh auf und stell dich in die Mitte! 4 Und zu
den anderen sagte er: Was ist am Sabbat erlaubt — Gutes zu
tun oder Böses, ein Leben zu retten oder es zu vernichten? Sie
aber schwiegen. 5 Und er sah sie der Reihe nach an, voll Zorn
und Trauer über ihr verstocktes Herz, und sagte zu dem Mann:
Streck deine Hand aus! Er streckte sie aus und seine Hand wurde
wiederhergestellt. 6 Da gingen die Pharisäer hinaus und fassten
zusammen mit den Anhängern des Herodes den Beschluss, Jesus
umzubringen.

Die Not, die uns in diesem Text begegnet, will genau
wahrgenommen und verstanden sein. Die Bildrede von
der *verdorrten* Hand deutet auf einen fortschreitenden
Verlust der Handlungskraft. Die Hand hängt kraftlos
wie ein dürres Blatt herunter, als wäre sie bereits ab-
gestorben. Auch im Verhalten des Mannes zeigt sich
eine Handlungsblockade. Anders als die meisten Leidenden, von denen das Evangelium berichtet, bewegt er
sich nicht auf Jesus zu. Wie erstarrt sitzt er in einer
Ecke — und erweist sich dann doch als unvermutet ansprechbar.

Dass jede Heilung einzigartig ist und gerade so der
göttlichen Liebe entspricht, zeigt sich in der Weise, wie
Heilungsbedürftiger und Heiler zueinanderfinden. Anders als in der vorangegangenen Erzählung, in welcher
der Gelähmte, unterstützt von Freunden, den Heiler
aufsucht und in dessen Praxis eindringt, ist es in dieser
Geschichte Jesus, der sich annähert. Er tritt in den Le-
bensraum des Heilungsbedürftigen, dem die Synagoge zu
einem Schutzraum geworden ist. Heilige Stätten sind Zu-
fluchtsorte für notgeplagte Menschen; als solche können
sie regressive Tendenzen begünstigen. Der Rückzug, der

einem Impuls der Selbstsorge entspringt, endet dann in Erstarrung.

In der Synagoge von Kafarnaum stößt Jesus auf eine doppelte Front: auf die chaotischen Mächte und Gewalten, die den Mann lähmen, ebenso wie auf die Ordnungshüter, die dafür zuständig sind, zwischen krank und gesund zu unterscheiden. Im Heilungsdrama, das sich in diesem heiligen Raum abspielt, kündigt sich das Lebensgeschick Jesu an. Das Dilemma, von dem die Erzählung berichtet, entsteht aus dem inneren Widerspruch religiöser Institutionen, die heilige und heilsame Räume oft zugleich eröffnen und verstellen.

Die Handlungsblockade droht auch Jesus zu erfassen, gerät er doch in den lähmenden Zwiespalt zwischen Heilungsauftrag und vorgegebenen Verhaltensregeln, die zu respektieren und zu befolgen von ihm erwartet wird. Während therapeutische Prozesse gewöhnlich eines sicheren Raums bedürfen, geschieht die Heilung hier in einem Setting, das die Not verstärkt. Was uns der Erzähler vor Augen führt, gleicht einer Expositionstherapie, wie sie heute bei Zwangsstörungen durchgeführt wird. Um den Mann aus seiner Not herauszuholen, wird ihm die direkte Konfrontation mit den angstmachenden Mächten zugemutet. Er soll lernen, sich dem Zwang, den sie auf ihn ausüben, zu widersetzen. Um ihm den Weg zu bahnen, muss Jesus selbst tun, was der Blockierte noch nicht vermag: gegen eine Vorschrift verstoßen. Den gebieterischen Autoritäten, die die Hoheit über diesen Raum und den Sabbat für sich beanspruchen, bietet Jesus die Stirn und ermutigt den Gelähmten, es ihm nachzutun. Doch wird diesem nicht zu viel zugemutet?

Indem Jesus sich dem Mann zuwendet und ihn einlädt, in die Mitte zu kommen, entstigmatisiert er ihn. Der Namenlose wird aus seinem sicheren Versteck hinausgerufen. Ungeachtet aller lähmenden Stimmen kann und soll er zum mutigen Zeugen werden. Aus der Kraft des ihm zugesprochenen Wortes wagt er aufzustehen, sich Jesus zu nähern. Er tritt aus seiner Scham heraus, bewegt sich vom Rand in die Mitte. In diesem Moment wird unser Blick wieder auf Jesus gelenkt, der die Umstehenden mit einer rhetorischen Frage konfrontiert. Allen ist klar: Natürlich ist es am Sabbat erlaubt, Gutes zu tun und Leben zu retten! Doch handelt es sich hier nicht um einen Notfall, die Heilung könnte problemlos auf den nächsten Tag verschoben werden. Wieso diese unnötige Provokation?

Das Erzähltempo verlangsamt sich. Eine angespannte Stille breitet sich im Raum aus. Jesus sucht den Augenkontakt, als fragte er jeden: Wie stellst du dich dazu? Das Wort, mit dem er das Schweigen bricht und den Gelähmten befreit, ist einfach und bündig: „Streck deine Hand aus!" Für den Angesprochenen mag das paradox klingen: Wage, was du nicht tun kannst! Öffne deine Hand: werde empfänglich! „Streck deine Hand aus", das bedeutet auch: „Zeig deine Wunde!" Es ist dieselbe Aufforderung, die Thomas später die Wunde seines Unglaubens erkennen lässt (Joh 20,27). Nur was sich zeigen darf, was wahr- und angenommen wird, kann geheilt werden.

Wie geschieht in dieser Erzählung Heilung? Rekapitulieren wir nochmals die entscheidenden Schritte: Zunächst wird der Mann aus seinem verhockten Dasein herausgeholt und aufgerichtet. Er stellt sich auf die eigenen Füße, findet zu Standfestigkeit. Danach wird er aus seiner Randposition in die Mitte gerufen – was auch als Weg nach innen verstanden werden kann. Am Ende steht eine physiotherapeutische Intervention. Im zugesprochenen Vertrauen – Du kannst es! – soll sich die Hand öffnen, soll sie Spannkraft und Beweglichkeit entwickeln.

Erwartbar wäre, dass im Augenblick, in dem der ermutigende Zuspruch Jesu Resonanz findet und vertrauensvoll aufgenommen wird, die Blockade gelöst wird und der Mann *dann* die Hand ausstreckt. Der Erzähler scheint diese zeitliche Abfolge durcheinanderzubringen, indem er den Mann seine Hand ausstrecken lässt, *bevor* sie wiederhergestellt ist. Doch müssen die beiden mit „und" verbundenen Satzteile nicht als Sequenz gelesen werden. Es kann sich um ein einziges Geschehen handeln. Im Prozess des Ausstreckens wird die Erstarrung gelöst und die verkrampfte Hand geöffnet. Die Rehabilitation, die nicht nur die Hand des Mannes, sondern seine ganze Person betrifft, geschieht im Vollzug, dort, wo er sich auf das heilsame WORT einlässt und sich aus der Kraft des Vertrauens aufspannt und ausstreckt.

Die Erzählung endet mit einem doppelten Schlussbild: Während die Umstehenden sich weiter verschließen, steht der Geheilte mit offener, empfangsbereiter Hand vor Jesus. Die Adressaten des Evangeliums können sich in diesen beiden Schlussbildern selbst wiederfinden. Das offene Ende regt dazu an, die Geschichte als die eigene zu rekonstruieren und weiterzuspinnen. Welcher Stimme vertraue ich? Welche lässt meine Hand, meine Kontaktfähigkeit, meine Kreativität verdorren? Und welche führt mich in die Weite?

Der Gelähmte, der in Simons Haus getragen wird, ebenso wie der Mann mit der verdorrten Hand, der aus seiner Selbstmarginalisierung herausgerufen wird, hören dieselbe Aufforderung: Steh auf! Für die Erzähl- und Glaubenstradition, die in den neutestamentlichen Erzählungen nach ihrer Gestalt sucht, ist aufzu(er)stehen die Grundbewegung schlechthin. Von der Schwiegermutter des Petrus (Mk 1,31) bis zu Bartimäus (Mk 10,50) finden Menschen durch die Gegenwart Jesu in die Auferstehungswirklichkeit. Kein Wunder, dass die erste nachösterliche Heilungsgeschichte diese Bewegung aufnimmt: „Im Namen Jesu Christi, des Nazoräers, geh umher!", spricht Petrus einem am Tempeleingang bettelnden Gelähmten zu, um ihn dann an der Hand zu fassen und aufzurichten (Apg 3,1–11). Wer dem Ruf vertraut, der ihn aufzustehen heißt, dem fließt neues Leben in die erstarrten Glieder. Wer auf Jesu Wort hin wagt, sich auf seine eigenen Füße zu stellen, probt den Aufstand gegen die lähmenden Mächte.

Folgt man den Evangelien, ist die heilende Kraft, die von Jesus ausgeht und Menschen anzieht, nicht eine numinose Energie, die lediglich äußerlich mit der Verkündigung verbunden ist. Sie ist die aufrichtende Lebensmacht, die sich durch diese entfaltet. Der Ruf, aufzustehen und sich nicht durch Mächte lähmen zu lassen, die sich in politischen und religiösen Institutionen ebenso verkörpern können wie in sozialen Normen und Erwartungen, beschränkt sich nicht auf Menschen, die unter physischen Krankheiten und psychischen Belastungen leiden. Doch weil diese Mächte Heilungsprozesse behindern, betrifft es sie in besonderer Weise. Und Menschen, die um physische und psychische Heilung ringen, sind empfänglicher für den Ruf: Steh auf und geh!

Eine künstlerische Antwort auf den Ruf, aufzustehen und auf einen neuen Weg zu gehen, findet sich bei dem reformierten Theologen und Ikonographen Josua Boesch (1922–2012).[11] In der Gestalt des auferstandenen Christus, die sich im Laufe der Jahre verändert und immer dynamischer und „auferstehungsleichter" wird, spiegelt sich Boeschs spirituelle Suche und Heilungs-erfahrung. Der „Auferstehungsweg"[12], auf dem auch Josua Boeschs beiden Berufe eins wurden, begann mit einer Midlife-Crisis. Eine Diskushernie führte in den frühen 1970er Jahren zu einer mehrwöchigen Lähmung und machte schließlich einen operativen Eingriff nötig. Am Morgen vor der Operation stieß Boesch auf die Erzählung vom lahmen Bettler, dem Petrus wieder auf die Füße half. Er notiert in sein Tagebuch: „Wie hätte mich das nicht treffen sollen! In den Gesprächen mit meinem psychiatrischen Berater und Begleiter […] hat-te mir der Begriff der Lähmung über lange Zeit stark zugesetzt. Mit einem Schlag machte mir nun mein Körper klar, was der Arzt gemeint hatte, als er sagte, ich sei wohl von Geburt an wie gelähmt gewesen."[13] Die Botschaft des Körpers und der Schrift war nicht mehr zu überhören: „[…] nun bist Du gekommen, mein Kyrios, und hast zu mir gesagt: ‚Steh auf und geh!' Jetzt weiß ich, dass ein neues Leben und ein neuer Lebensstil beginnen wollen. DU selbst forderst mich heraus dazu. DU siehst mich schon selbständig, unabhängig und auf-recht."[14]

„Wie heißt du?" (Mk 5,1–20)

Nach den Heilungen in Kafarnaum bricht Jesus wieder auf und überquert nach einigem Umherwandern schließlich den See Genezareth und damit die Landesgrenze. Damit verlässt Jesus die ihm vertraute Welt Israels und betritt fremde religiöse und kulturelle Sphären. Bereits die Hinreise verläuft turbulent. Stürmische Winde kündigen den massiven Widerstand an, der Jesus vom anderen Ufer entgegenkommt (Mk 4,35–41). Eine abgründige und leidvolle Welt tut sich auf.

Mk 5,1 Sie kamen an das andere Ufer des Sees, in das Gebiet von Gerasa. 2 Als er aus dem Boot stieg, lief ihm sogleich von den Gräbern her ein Mensch entgegen, der von einem unreinen Geist besessen war. 3 Er hauste in den Grabstätten. Nicht einmal mit einer Kette konnte man ihn bändigen. 4 Schon oft hatte man ihn mit Fußfesseln und Ketten gebunden, aber er hatte die Ketten zerrissen und die Fußfesseln durchgescheuert; niemand konnte ihn bezwingen. 5 Bei Tag und Nacht schrie er unaufhörlich in den Grabstätten und auf den Bergen und schlug sich mit Steinen. 6 Als er Jesus von Weitem sah, lief er zu ihm hin, warf sich vor ihm nieder 7 und schrie laut: Was habe ich mit dir zu tun, Jesus, Sohn des höchsten Gottes? Ich beschwöre dich bei Gott, quäle mich nicht! 8 Jesus hatte nämlich zu ihm gesagt: Verlass diesen Menschen, du unreiner Geist! 9 Jesus fragte ihn: Wie heißt du? Er antwortete: Mein Name ist Legion; denn wir sind viele. 10 Und er flehte Jesus an, sie nicht aus diesem Gebiet fortzuschicken. 11 Nun weidete dort an einem Berghang gerade eine große Schweineherde. 12 Da baten ihn die Dämonen: Schick uns in die Schweine! 13 Jesus erlaubte es ihnen. Darauf verließen die unreinen Geister den Menschen und fuhren in die Schweine und die Herde stürmte den Abhang hinab in den See. Es waren etwa zweitausend Tiere und alle ertranken. 14 Die Hirten flohen und erzählten es in der Stadt und in den Dörfern. Darauf eilten die Leute herbei, um zu sehen, was geschehen war. 15 Sie kamen zu Jesus und sahen bei ihm den Mann, der von der Legion Dämonen besessen gewesen war, bekleidet und bei Verstand. Da fürchteten sie sich. 16 Die es gesehen hatten, berichteten ihnen, wie es mit dem Besessenen und den Schweinen geschehen war. 17 Darauf baten die Leute Jesus, ihr Gebiet zu verlassen. 18 Als er ins Boot stieg, bat ihn der Mann, der zuvor von den Dämonen besessen war, dass er bei ihm sein dürfe. 19 Aber Jesus erlaubte es ihm nicht, sondern sagte: Geh nach Hause und berichte deiner Familie alles, was der Herr für dich getan und wie er Erbarmen mit dir gehabt hat! 20 Da ging der Mann weg und verkündete in der ganzen Dekapolis, was Jesus für ihn getan hatte, und alle staunten.

Weshalb Jesus nach Gerasa aufbricht, bleibt unklar. Sucht er einen weiteren Rückzugsort, um sich vor dem Andrang der Menschen zu schützen? Dafür spricht, dass er die Städte und Dörfer meidet und sich in den Randzonen bewegt, in denen nur einzelne Hirten und ihre Herden anzutreffen sind. Es ist ein hügeliges, wüstenartiges Gebiet, das mit seinen Grabhöhlen an Ägypten erinnert, das Land der Gefangenschaft Israels. Wie in Dantes *Göttlicher Komödie* führt der Weg Jesu in die Abgründe menschlicher Not und Verstrickung, ins Kellergeschoss der Zivilisation. Hinter den Felsen taucht plötzlich ein Berserker auf und stellt sich Jesus in den Weg. Die Kraft, die ihn erfüllt, ist nicht Ausdruck von Stärke und Gesundheit, sondern von seelischer Krankheit und menschlicher Zerrüttung. Auch wenn wir von keinem Verbrechen erfahren, wirkt er bedrohlich, unberechenbar, gewalttätig. Übermenschliche Kräfte treiben ihn an. Alle Ketten, die man ihm anlegt, sprengt er auf und schlägt mit Steinen auf sich selbst ein. Ist dies eine Form von Selbstbestrafung? Was hat er getan und erlitten? Woher kommen die unreinen Geister, die ihn besetzt halten wie Terroristen ein gekapertes Flugzeug?

Wir sehen einen angsterfüllten, verwirrten, bis aufs Blut gequälten Menschen vor uns. Den Neuankömmling aus Israel bittet er als Erstes, ihn in Ruhe zu lassen, ihn nicht zu quälen. Wie kommt er nur auf die abstruse Idee, dass Jesus ihm etwas antun könnte? Fürchtet er eine schmerzhafte Therapie? Oder sind es die Quälgeister, die aus ihm sprechen und sich davor fürchten, selbst zu erleiden, was sie anderen antun?

Verrückt ist auch die Chronologie des Evangelisten. Soll doch Jesus gesagt haben: „Verlass diesen Menschen, du unreiner Geist!" Wann genau er das gesagt hat, bleibt unklar. Ist die Bitte des Geraseners bereits eine verquere Antwort auf einen vorgängigen, nicht erzählten Versuch Jesu, den Mann von seiner Belastung zu befreien? Im gestörten zeitlichen Verlauf der Erzählung spiegelt sich das innere Chaos, in das alle hineingezogen werden, die diesem Menschen begegnen. Doch ist seine Bitte ein wichtiger erster Schritt. Er beginnt, seine eigenen Begrenzungen wahrzunehmen und zu ihnen zu stehen.

Das Verhalten des Geraseners ist ambivalent und widersprüchlich. Zunächst läuft er auf Jesus zu, sucht seine Nähe, wirft sich vor ihm nieder, bekennt ihn als Sohn Gottes – um ihn dann zu bitten, ihn in Ruhe zu lassen. Er wird von gegensätzlichen Impulsen hin- und hergetrieben, bis ihn eine heilsame Eindeutigkeit erreicht. Der

Heiler, der aus der Fremde kommt, schenkt den widersprüchlichen und dehumanisierenden Kräften keine Beachtung, wendet sich stattdessen dem Leidenden selbst zu und würdigt den Verwirrten mit der schlichtesten aller möglichen Fragen: „Wie heißt du?" Damit wird ein erster niederschwelliger Kontakt hergestellt. Und was geschieht? Der Leidende schreckt zurück, weicht aus. Statt seinen Namen preiszugeben, lässt er die chaotischen Kräfte und Mächte sprechen, die ihn gefangen halten. War zunächst die Rede davon, dass der Mann von *einem* unreinen Geist besessen sei, sind es nun plötzlich unzählbar viele: ein Heer von Geistern, zählte doch eine römische Legion zwischen 3.000 und 6.000 Soldaten! Eine militärische Übermacht hält ihn in einer abgründigen Welt fest, an ein Entweichen ist nicht zu denken.

Wie Asylsuchende, die ihre Ausweise vernichten, um sich der Identifizierbarkeit und der Ausschaffung zu entziehen, versteckt sich der possessive Geist hinter einem anonymen Kollektiv, eine beliebte Verschleierungstaktik. In die Präsentation militärischer Übermacht mischt sich ein Flehen, die angekündigte Ausschaffung möge nicht vollzogen werden. Wer spricht diese Bitte aus? Der unreine Geist oder der von ihm Geplagte? Hat sich Letzterer derart mit der fremden Übermacht identifiziert, dass für ihn ein anderes Leben nicht mehr denkbar ist? Hat er sich als Opfer mit dem Täter identifiziert, um an dessen Machtrausch teilzuhaben?

Bei allen Drohgebärden verhält sich der entfesselte Gerasener erstaunlich respektvoll. Er erinnert an einen Süchtigen, der mit seinem Vertrauensarzt über Therapiemaßnahmen verhandelt. Die Quälgeister zeigen sich plötzlich kompromissbereit. Sie machen ein Verhandlungsangebot. Sie sind bereit, ihre Legion zu verlegen, *wenn* sie im Land stationiert bleiben darf.[15] Wenn sie sich woanders einnisten dürfen, sind sie bereit, den Mann freizugeben. Es geht um ihre Existenzgrundlage. Sie verlangen nach einem Ersatz, einem Wirt, auf dessen Kosten sie leben, nach einem armen Schwein, das sie verzehren können.

Wie gerufen zieht eine Schweineherde vorbei und es kommt zu einem Transfer: Die Krankheit wird vom geplagten Menschen auf die wehrlosen Tiere übertragen. Dass die befallene Schweineherde sich sogleich in den See stürzt, um die Quälgeister wieder loszuwerden, lässt zum einen Rückschlüsse auf den enormen Leidensdruck zu. Und zum andern erinnert die Legion Schweine und Dämonen, die im See ersaufen, an die Armee des Pharaos, die Israel verfolgt und schließlich im Roten Meer versinkt.

Spätestens an dieser Stelle wird deutlich, wo der Verfasser dieser Erzählung steht. Er gehört zu jenen, die auf der anderen Seite des Sees leben, die vom Untergang der verhassten römischen Besatzungsarmee träumen. In Sachen Schweinefleischkonsum haben sie einen klaren Standpunkt: Wer unreine Tiere isst, verunreinigt sich selbst. Wenn sich 2000 Schweine in den See stürzen, ist dies gut für die öffentliche Gesundheit. Ob die kollektive Reinigungsaktion nachhaltig ist und die Gerasener künftig auf Schweinezucht und Massentierhaltung verzichten werden, ist zu bezweifeln. Die um ihre Nutztiere beraubten Hirten holen sich unverzüglich Verstärkung aus den Dörfern und Städten.

Was währenddessen mit dem Geheilten und seinem Therapeuten geschieht, wird nicht erzählt. Aus den wenigen Hinweisen lässt sich schließen, dass die beiden nicht untätig bleiben. Als die alarmierten Gerasener eintreffen, finden sie einen völlig veränderten Mann vor. Der unbändige Wilde, der nackt und irr herumstreunte und wie ein Tier in Höhlen lebte, hat zu sich selbst zurückgefunden und sitzt ruhig und ordentlich gekleidet da. Er ist rehabilitiert. Die neuen Kleider, die er trägt, sind ein Hinweis auf die umfassende Sorge, die ihm zuteilgeworden ist und die ihm die Rückkehr in die Gesellschaft ermöglicht.

Die Reintegration gelingt jedoch nicht fugenlos. Statt sich über die Genesung ihres Kompatrioten zu freuen, bemühen sich die Gerasener um eine Begrenzung des wirtschaftlichen Schadens und bitten den Heiler, ihre Gegend zu verlassen. Kein Wunder möchte der Geheilte sich lieber Jesus anschließen als in seine Herkunftswelt zurückkehren. Doch würde er damit nicht erneut fliehen und sich einer Reifungsaufgabe entziehen?

Bei allen neutestamentlichen Heilungserzählungen fragt sich: Führt das, was Menschen in der Begegnung mit diesem Heiler erfahren, sie ins alte Leben zurück oder in ein neues Leben hinein? In der Geschichte vom Gerasener wird diese Frage zugespitzt. Eine schlichte Rückkehr in das Umfeld, das ihn krank werden ließ und ihn marginalisierte, widerspräche der neuen Wirklichkeit, die sich ihm eben erst erschlossen hat. Die Kraft, die ihn neu zu sich zurückbrachte, stachelt auch den Widerstand gegen die gesellschaftliche Normalisierung des Lebens an.

Wie wird dieses Dilemma aufgelöst? Durch eine Beauftragung: Der Geheilte wird bevollmächtigt, innerhalb seiner Gemeinschaft – zum ersten Mal ist hier von seiner Familie die Rede – zum Evangelisten zu werden. Seinen Auftrag nimmt er ohne Murren und Zaudern an. Doch legt er ihn dann nicht allzu großzügig aus?

Er wird aufgefordert, im Familienkreis von der widerfahrenen Heilung zu erzählen. Wir erfahren nicht, ob er das tatsächlich tut. Möglicherweise kehrt er gar nicht erst zu den Seinen zurück, sondern beginnt gleich, die Dekapolis zu durchwandern. Er wäre nicht der erste Geheilte im Markusevangelium, der über das ihm Aufgetragene hinausgeht (vgl. Mk 1,44f.). Ganz in Grenzen halten lässt sich der Geheilte jedenfalls nicht. Der Fremde hat ihm die Angst vor dem Fremden genommen. Der neue Auftrag führt ihn über seine eng begrenzte Heimat hinaus. Am Ende wird der Geheilte doch zum Jünger Jesu – zum ersten, der das Evangelium in die nichtjüdische Welt trägt.

Vernetzung: Globale Gesundheit

Der Gerasener ist auch nach Heilung und Rehabilitation nicht zu bändigen. Die Kraft, die ihn erfüllt, treibt ihn über vorgegebene Grenzen hinaus. Doch etwas hat sich geändert: Er gerät dadurch nicht mehr in die Isolation, sondern wird zu einem Netzwerker und Missionar. Die Kunde von dem, was ihn heilte, trägt er in alle Welt hinaus. Damit steht er am Anfang einer bis heute unabgeschlossenen Geschichte, in der sich das christliche Engagement im Bereich des Heilens auf immer umfassendere Kreise hin öffnet. Mit dem wachsenden Bewusstsein für globale Bedrohungen hat sich der Fokus des christlichen Heilungsauftrags im 20. Jahrhundert nochmals deutlich erweitert. Die Menschheit ist in einer Epoche angekommen, in der nicht allein die Gesundheit einzelner Individuen oder Gemeinschaften auf dem Spiel steht – es geht ums Ganze, die Weltgesundheit.

Jeder neue Deutungskontext, in den die biblischen Texte eintreten, lässt in ihnen Aspekte aufleuchten, die in früheren Zeiten wenig Beachtung gefunden haben. Liest man das Markusevangelium im Horizont globaler Gesundheit, tritt das Verhältnis zwischen der Krankheit des Geraseners und dem Tod der Schweineherde in ein neues Licht. Dass Mensch und Tier sich gegenseitig infizieren, ist die Kehrseite einer engen Verflechtung ihrer Lebenswelten. Menschliche Gesundheit ist angewiesen auf lebendige ökologische Systeme und sorgende Gemeinschaften. Und weil lokale Systeme und Gemeinschaften durch die wachsende Globalisierung immer mehr miteinander interagieren, erweitern sich auch die Sorgebeziehungen. Bereits in der vorliegenden Erzählung zeichnen sich solche Erweiterungen ab: Zunächst sorgt sich der Wanderheiler aus Galiläa um den geplagten Gerasener, der dann seinerseits von dieser Sorge infiziert wird und sie weiterführt.

Was im Gleichnis vom Barmherzigen Samariter (Lk 10,29–37) seinen klassischen Ausdruck erhalten hat, ist ein wichtiges Moment aller neutestamentlichen Heilungsgeschichten. Auf unterschiedliche Weise erzählen alle von der Kraft einer Sorge, die heilsam wirkt, weil sie solidarisiert und krankmachende Abgrenzungen aufbricht. In der heilsamen Zuwendung vermittelt sich die göttliche Kraft, die Menschen aus den Grabhöhlen herausruft, in die sie sich geflüchtet haben und aus denen sie nicht mehr herausfinden. Davon erzählt Markus auch in den beiden Heilungsgeschichten, die unmittelbar an den abenteuerlichen Ausflug nach Gerasa anschließen. Sie handeln von einer Frau und einem Mädchen, die ebenfalls in die düstere Welt des Todes geraten.

3 Töchter und Söhne: Heilungs- bedürftige Verwandtschaften

Das Markusevangelium liebt scharfe Kontraste und markante Umschwünge. Nachdem Jesus die äußerste Grenze seines therapeutischen Wirkens ausgelotet hat, kehrt er in heimische Gefilde zurück. Die Beziehungsprobleme, die ihm in Gerasa begegnet sind, finden sich auch zuhause. In den Heilungsgeschichten, die nun folgen, geht es um Nahbeziehungen, um Eltern und ihre Töchter und Söhne, um verwandtschaftliche Verstrickungen und deren Folgen.

Die Tochter des Jaïrus und die blutflüssige Frau (Mk 5,21–43)

Folgt man der Darstellung des Markusevangeliums, beginnt und entwickelt sich die Heiltätigkeit Jesu in Kafarnaum. Während des ersten Aufenthalts wird der Stimmenhörer und Simons Schwiegermutter geheilt, während des zweiten Aufenthaltes zwei Gelähmte. Während des dritten Aufenthalts kommt es zu einer weiteren Intensivierung, die durch eine erzählerische Verdichtung markiert wird. Markus berichtet von zwei Heilungen, die in engster Weise miteinander verschränkt sind. Es ist die komplexeste Heilungserzählung dieses Evangeliums und markiert als solche einen Höhepunkt des therapeutischen Wirkens Jesu.

Mk 5,21 Jesus fuhr wieder ans andere Ufer hinüber und eine große Menschenmenge versammelte sich um ihn. Während er noch am See war, 22 kam einer der Synagogenvorsteher namens Jaïrus zu ihm. Als er Jesus sah, fiel er ihm zu Füßen 23 und flehte ihn um Hilfe an; er sagte: Meine Tochter liegt im Sterben. Komm und leg ihr die Hände auf, damit sie geheilt wird und am Leben bleibt! 24 Da ging Jesus mit ihm. Viele Menschen folgten ihm und drängten sich um ihn. 25 Darunter war eine Frau, die schon zwölf Jahre an Blutfluss litt. 26 Sie war von vielen Ärzten behandelt worden und hatte dabei sehr zu leiden; ihr ganzes Vermögen hatte sie ausgegeben, aber es hatte ihr nichts genutzt, sondern ihr Zustand war immer schlimmer geworden. 27 Sie hatte von Jesus gehört. Nun drängte sie sich in der Menge von hinten heran und berührte sein Gewand. 28 Denn sie sagte sich: Wenn ich auch nur sein Gewand berühre, werde ich geheilt. 29 Und sofort versiegte die Quelle des Blutes und sie spürte in ihrem Leib, dass sie von ihrem Leiden geheilt war. 30 Im selben Augenblick fühlte Jesus, dass eine Kraft von ihm ausströmte, und er wandte sich in dem Gedränge um und fragte: Wer hat mein Gewand berührt? 31 Seine Jünger sagten zu ihm: Du siehst doch, wie sich die Leute um dich drängen, und da fragst du: Wer hat mich berührt? 32 Er blickte umher, um zu sehen, wer es getan hatte. 33 Da kam die Frau, zitternd vor Furcht, weil sie wusste, was mit ihr geschehen war; sie fiel vor ihm nieder und sagte ihm die ganze Wahrheit. 34 Er aber sagte zu ihr: Meine Tochter, dein Glaube hat dich gerettet. Geh in Frieden! Du sollst von deinem Leiden geheilt sein. 35 Während Jesus noch redete, kamen Leute, die zum Haus des Synagogenvorstehers gehörten, und sagten: Deine Tochter ist gestorben. Warum bemühst du den Meister noch länger? 36 Jesus, der diese Worte gehört hatte,

sagte zu dem Synagogenvorsteher: Fürchte dich nicht! Glaube nur!
37 Und er ließ keinen mitkommen außer Petrus, Jakobus und
Johannes, den Bruder des Jakobus. 38 Sie gingen zum Haus des
Synagogenvorstehers. Als Jesus den Tumult sah und wie sie heftig
weinten und klagten, 39 trat er ein und sagte zu ihnen: Warum
schreit und weint ihr? Das Kind ist nicht gestorben, es schläft nur.
40 Da lachten sie ihn aus. Er aber warf alle hinaus und nahm den
Vater des Kindes und die Mutter und die, die mit ihm waren, und
ging in den Raum, in dem das Kind lag. 41 Er fasste das Kind
an der Hand und sagte zu ihm: Talita kum!, das heißt übersetzt:
Mädchen, ich sage dir, steh auf! 42 Sofort stand das Mädchen auf
und ging umher. Es war zwölf Jahre alt. Die Leute waren ganz
fassungslos vor Entsetzen. 43 Doch er schärfte ihnen ein, niemand
dürfe etwas davon erfahren; dann sagte er, man solle dem Mädchen
etwas zu essen geben.

Die Heilungen, von denen Markus berichtet, sind mehr
als nur flüchtige Episoden eines Lebens, das seinem Ende
entgegeneilt. In jeder Begegnung leuchtet das Ganze auf.
So auch in diesen beiden Heilungsgeschichten, die gleich
einer Babuschka, in der eine Figur von einer anderen
umgeben ist, zu einer einzigen Erzählung miteinander
verschachtelt sind. Keine Lebens- und Leidensgeschichte
steht für sich allein da. Jede ist mit anderen Geschichten
verwoben und von ihnen geprägt, so wie sie selbst Aus-
wirkungen auf andere hat.

Die verschlungene Erzählung setzt, wie das Markusevangelium als Ganzes, mit einer Ankunft ein. Vom anderen Ufer kommend steuert Jesus auf eine Schar wartender
Menschen zu, die sich mit ihren Nöten und Sehnsüchten
um ihn sammeln. Das liest sich als eine knappe Beschrei-
bung dessen, was Markus in vielen Geschichten bezeugt

und entfaltet. Die Wirklichkeit Gottes, die Gesicht und Namen hat, kommt bei leidenden Menschen an und eröffnet ihnen einen Neuanfang.

Aus dieser Gesamtszene treten zwei Einzelschicksale hervor. Noch am Seeufer drängt sich ein Mann vor, den wir nicht als Bittsteller erwartet hätten: Jaïrus, einer der Vorsteher der Synagoge von Kafarnaum. Sein Name hat eine verheißungsvolle Bedeutung: der von JHWH Erleuchtete. Beiläufig sind wir Jaïrus schon einmal begegnet. Als Synagogenvorsteher konnte er die Heilung des Mannes mit der verdorrten Hand aus nächster Nähe beobachten. Doch stand er damals nicht auf der Seite der Skeptiker? Nun kommt er hergerannt und wirft sich dem Wunderheiler vor die Füße. Er ist, was er ausdrückt: ganz am Boden, liegt doch seine zwölfjährige Tochter im Sterben. Seine Bedrängnis erzeugt eine kühne Hoffnung: Wenn dieser Fremde eine verdorrte Hand zu heilen vermag, wieso nicht ebenso ein todkrankes Kind? Er soll ihm die Hände auflegen – dann wird alles gut.

Der Heiler lässt sich nicht lange bitten. Den Ernst der Lage erkennend macht er sich sogleich auf den Weg. Diese spontane Reaktion lässt erahnen, was am Anfang seines therapeutischen Wirkens stand. Die Heiltätigkeit, die sein Auftreten mehr und mehr prägt, entspringt nicht der eigenen Wahl, sie ergibt sich ungesucht aus Begegnungen, aus dem Kontakt mit leidenden Menschen. Wie das Ja der ersten Jünger kommt die Antwort Jesu ohne Verzug. Sie entspringt der Kraft des Rufs. Er kann nicht anders, als sich heilsam auf die Not einzulassen. Der Geist treibt Jesus nicht nur in die Wüste, sondern auch zu den Menschen.

Jaïrus tritt aus seiner bisherigen Rolle heraus. Indem er sich auf den fremden Heiler einlässt, beginnt eine neue Geschichte. Seine Erwartungen werden durchkreuzt. Der Synagogenvorsteher durchläuft einen schmerzlichen Lernprozess. Zunächst läuft alles nach Plan. Ohne Fragen zu stellen, folgt Jesus dem bekümmerten Vater. Die beiden eilen durch Kafarnaum, bald werden sie vor Ort sein. Doch dann geschieht etwas, was die zielstrebige Bewegung abrupt unterbricht.

Eine merkwürdige Umkehrung vollzieht sich nun. Was vorher im Zentrum stand, gerät unversehens an den Rand. Und im Gegenzug dazu rückt etwas, das sich unbemerkt am Rand bewegte, ins Zentrum. Jaïrus, der religiöse Würdenträger, verliert seine privilegierte Position. Seine Prioritäten scheinen plötzlich nicht mehr zu zählen. Die therapeutischen Ressourcen, die er zu mobilisieren wusste, werden nun für jemanden gebraucht, dessen Not nicht als besonders dringlich erscheint. Zwar ist unvermeidlich, dass eine Ambulanz zwischendurch ausgebremst wird. Doch was während dieses Halts geschieht, entspricht nicht den Erfordernissen der Notfallmedizin. Warum nur lässt sich dieser Notfallarzt in einer Situation, in der jede Minute zählt, von einer kaum bemerkbaren Störung aufhalten? Weshalb verweilt er, als hätte er alle Zeit der Welt?

Wir erinnern uns an die Menschenmenge, von der Jesus am Ufer umgeben war, als Jaïrus mit seiner drängenden Bitte auftauchte. All diese Menschen sind, so erfahren wir nun, nicht am Ufer zurückgeblieben. Sie haben sich ebenfalls auf den Weg gemacht und laufen Jesus nicht nur nach, sondern bleiben an seiner Seite. In dieser Menschenmenge verbirgt sich die Frau, die den dahineilenden Tross, ohne es zu wollen, zum Stehen bringt. Noch bevor Jesus selbst sie zu Gesicht bekommt, informiert uns der Evangelist über ihre Not. Sie leidet seit geraumer Zeit unter einer chronischen Vaginalblutung. In den vergangenen zwölf Jahren hat sie alles ausprobiert, nichts hat geholfen, ganz im Gegenteil: Die Ärzte, von denen sie Heilung erhoffte, haben sie um ihr Vermögen gebracht. Die Frau ist ausgeblutet. In ihr spiegelt sich das Zwölf-Stämme-Volk Israel, dem die römische Besatzung einen hohen Blutzoll abverlangt.[16]

Es handelt sich um eine Frau aus wohlhabendem Hause, die selbstständig über ihr Vermögen verfügt, vielleicht um eine einst reiche Witwe. Dass sie ihr Kapital verloren hat, entspricht dem Abfluss körperlicher und mentaler Lebenskraft. Ihre Krankheit hat sie aus dem Lebensfluss geworfen, sie zunehmend marginalisiert. Den Ordnungshütern, zu denen auch Jaïrus gehört, gilt sie aufgrund ihrer Vaginalblutung als unrein und ist deshalb von bedeutsamen gesellschaftlichen und religiösen Vollzügen ausgeschlossen.

Was diese Frau von Jesus weiß, erfahren wir nicht, doch gibt uns der Erzähler einen Einblick in ihr Inneres. Wir erfahren von ihrer Hoffnung, die sie leitet: „Wenn ich auch nur sein Gewand berühre, werde ich geheilt." Was sie zu Jesus hinzieht, ist ihr Glaube an die Macht der Berührung. Wenn es ihr gelingt, den Heiligen zu berühren, und sei es noch so flüchtig, wird sie bestimmt geheilt werden. Diskret nähert sie sich dem Heiler und berührt ihn unauffällig von hinten, niemand soll davon erfahren. Sie muss im Verborgenen agieren, rührt sie doch an ein doppeltes Tabu: indem sie die körperliche Nähe zu einem fremden Mann sucht und das Reinheitsgebot missachtet. Der Plan geht auf – mitten im Gedränge geschieht Heilung. Zwölf Jahre hat die Frau vergeblich nach Heilung gesucht und nun geschieht sie augenblicklich. Dadurch löst sich auch das Reinheitsproblem. Die heilende Berührung geschieht in demselben Augenblick, in dem die Verunreinigung hätte stattfinden können.

Wie überall im Markusevangelium steht „sofort" (griech. *euthys*) für die erfüllte Gegenwart, die die Verkündigung Jesu vergegenwärtigt und herbeiführt. Der Erzähler vergegenwärtigt den heilsamen Augenblick gleich doppelt, aus der objektiven und der subjektiven Perspektive. Objektiv-medizinisch betrachtet versiegt „die Quelle des Blutes". Subjektiv spürt die Frau „in ihrem Leib, dass sie von ihrem Leiden geheilt" ist. Der Kontakt mit dem heilsamen Lebensfluss stoppt den Abfluss ihrer Vitalkraft. Ihr Leben gewinnt neue Kontur und Festigkeit. Durch ihr diskretes und kühnes Wagnis, vorgegebene soziale Grenzen zu überschreiten, wird ihre körperliche Integrität wieder hergestellt. Gerade im riskanten Wagnis, sich um des Heils willen über Konventionen hinwegzusetzen, steht die Frau Jesus nahe.

Bei aller Eile nimmt Jesus aufmerksam wahr, was um ihn geschieht. Es entgeht ihm nicht, dass jemand seine Nähe sucht und heimlich seine Energie beansprucht. Die Berührung geschieht ungefragt, sie ist einseitig, nicht eingebunden in einen Dialog. Sie markiert den Anfang, nicht das Ende des therapeutischen Prozesses. Wie alle biblischen Heilungsgeschichten ist auch die vorliegende mehrstufig und mit einer Lebenswende verbunden. Doch ist es für einmal Jesus, der innehält und umkehrt. Die Begegnung mit heilungsbedürftigen Menschen verändert auch ihn.

Ist dies jedoch der richtige Moment? Die Zeit drängt. Ein Kind liegt im Sterben. Alles hängt davon ab, dass der eilig herbeigerufene Notfallarzt rechtzeitig eintrifft. Jesus verhält sich so, als stünde er außerhalb der zerrinnenden Zeit. Inmitten des Gedränges öffnet sich so ein Raum der Stille, des Aufatmens, der intimen Begegnung. Die Frage, die Jesus der Menge stellt, lässt aufhorchen: „Wer hat mein Gewand berührt?" Was für eine merkwürdige Frage: Berührt man sich im Gedränge nicht ständig ungewollt? Gewiss ist ein zufälliger körperlicher Kontakt etwas anderes als eine bewusste Berührung. Wenn eine solche nicht einzuordnen ist, wirft sie Fragen auf: Was hat sie zu bedeuten? Wie ist sie motiviert?

Jesus leitet eine Wende ein, indem er selbst eine solche vollzieht. Indem Jesus sich umdreht, wendet er sich der Frau zu, die sich in der Menge versteckt. Ihre Wunde hat sich geschlossen, doch bewegt sie sich noch in einer Dunkelzone. Ihre Situation ist nach wie vor unklar. Die Diffusität, unter der sie so lange gelitten hat, ist noch nicht völlig überwunden. Sie hat an das Heilige gerührt, ohne ihre Beziehung zu ihm zu klären. Was sie erfahren hat, bedarf noch der Anerkennung, der sozialen Realisation. Die energetische Ebene, auf der das Heilungsgeschehen seinen Anfang nimmt, ist ein erster Schritt. Um die Not gänzlich hinter sich zu lassen, braucht es etwas Weiteres: den Schritt in die Öffentlichkeit, die Bereitschaft, sich zu zeigen und Zeugnis abzulegen.

Es gibt nun keinen Ausweg mehr: Die Frau muss hervortreten. Dass sie vor Furcht zittert, ist verständlich. Indem sie vor Christus niederfällt, kommuniziert sie mit ihm, wie spätere Beterinnen und Beter, zunächst averbal.

Was über ihre zitternden Lippen kommt, ist mehr als ein Schuldbekenntnis, es ist „die ganze Wahrheit" – über sich selbst ebenso wie über den, der sie geheilt hat und nun in eine größere Freiheit führt. Aus der Kranken wird eine Evangelistin. Nach der physischen Heilung geschieht nun auch eine seelische. Die Frau redet sich ihre Not von der Seele. Indem sie in Worte fasst, was ihr widerfahren ist, geschieht Integration.

Die umstehende Menge ist verstummt. Die Blicke richten sich auf den Heiler: Wie geht er mit einem solchen Coming-out um? Zunächst mit einem Akt der Solidarisierung: „Meine Tochter!" Die Anrede überrascht. Spricht so ein Dreißigjähriger mit einer gestandenen Frau? Doch spielen in der Gegenwart Gottes Alter und sozialer Status keine Rolle. Mehr noch: Heilung geschieht nicht zuletzt durch eine radikale Relativierung sozialer Kategorien. „Meine Tochter!" Damit wird Zugehörigkeit hergestellt. Der flüchtige Kontakt, den die Frau erhaschte, offenbart sich als unverbrüchliche Beziehung.

Trotz finanzieller Eigenständigkeit ist die Angesprochene in eine Isolation geraten, aus der zu befreien ihr die Kraft fehlte. „Meine Tochter!" Sie, die eben erst aus der schützenden Anonymität der Menge hervorgetreten ist, findet sich unversehens in einer neuen Gemeinschaft wieder, welche die wiedergefundene Lebenskraft nicht absorbiert, sondern einen neuen Weg eröffnet: „Geh in Frieden!" Wird die Frau, deren Glaubenskraft angesprochen und validiert wird, damit in die Selbstständigkeit entlassen? Wird sie ermutigt, sich auf eine neue Gemeinschaft einzulassen? Gewiss ist die Verheißung, unter der sie steht: Du sollst von deinem Leiden geheilt sein. Was heil wurde, wird bestehen bleiben.

Wie es Jaïrus während dieses Gesprächs ergehen mag? Als Lesende, die um die Dringlichkeit seines Hilferufs wissen, erahnen wir, wie seine Ungeduld und Verzweiflung wachsen. Ausgerechnet jetzt muss diese Frau ihre ganze Geschichte erzählen! Die Wahrscheinlichkeit, den verehrten Heiler rechtzeitig zu seiner in Todesgefahr schwebenden Tochter bringen zu können, verringert sich mit jeder Minute. Die Intervention der blutflüssigen Frau ist fatal. Bereits kommt die Todesnachricht. Zu spät: Die Tochter ist tot!

Statt eines Heilers braucht es nun einen Bestatter. Jaïrus erstarrt. Hat er zu Beginn Jesus bedrängt, muss nun Jesus die Initiative ergreifen. Er widerspricht den Todesboten energisch. Im Moment, in dem alle Hoffnung zerbricht, sagt er mit Bestimmtheit: „Fürchte dich nicht! Glaube nur!" An diesem Punkt nimmt die Geschichte eine neue Wendung. Die südafrikanische Bibelwissenschaftlerin Musa W. Dube schreibt dazu:

„Lesende und Hörende erwarten [nach Eintreffen der Todesnachricht], dass die Reise nun vorüber ist, denn es gibt nichts Endgültigeres als den Tod. Aber: Nein! Die Reise wird fortgesetzt. […] An diesem Punkt erweist sich der Zeitaspekt des Notfalls als begrenzt. Es zeigt sich, dass er nicht der entscheidende Faktor des Handlungsfortschritts ist. Die Lesenden/ Hörenden werden unsanft dazu gebracht, den ganzen bisherigen Weg nochmals zu gehen, nun unter der Maßgabe, dass nicht Zeit entscheidet, sondern Glaube. […] Der beobachtete Wechsel führt die Lesenden also aus dem Bereich menschlicher Möglichkeiten, wo man ständig gegen die Zeit kämpft, in einen außerordentlichen Raum des Glaubens, wo es nicht nur keine Zeit mehr gibt, sondern wo das menschlich Unmögliche möglich wird."[17]

Nach der Aussprache und Nachbesprechung mit der geheilten Frau zeigt Jesus sich wieder von seiner resoluten Seite. Er lässt die schaulustige Menge hinter sich und weist die Trauergemeinde in ihre Schranken. Was er bei seiner Ankunft als Erstes tut, gleicht einer Tempelaustreibung. Es sind zu viele Stimmen in diesem Haus, zu viele Skeptiker, Spötter und Schwarzseher. Wenn es nach dem Tod der Tochter derart tumultartig zu- und hergeht: Wie war es erst zuvor? In einer solchen Umgebung musste das Mädchen krank werden. Bevor es zurück ins Leben gerufen werden kann, müssen die Stimmen zum Schweigen gebracht werden, die es vorschnell für tot erklären. Nur wenn Stille in diesem lärmigen Raum einkehrt, kann das heilsame WORT bei ihr ankommen.

Die kleine Gemeinschaft, in welche die Tochter erweckt und hineingerufen wird, besteht neben dem Heiler aus zwei vertrauten und drei ihr fremden Personen: ihren Eltern einerseits und den drei Jüngern andererseits. Bei ihrem Übergang zur heiratsfähigen jungen Frau ist die Zwölfjährige noch auf ihre Eltern angewiesen, zugleich weitet sich der enge familiäre Raum auf eine größere Gemeinschaft. Wie bei der blutflüssigen Frau geschieht die Heilung durch Berührung und Wort zugleich. Das wie tot daliegende Mädchen wird nicht mit einem Ruck hochgezogen, sondern behutsam berührt und durch ein Wort belebt. So gewinnt es die Kraft, sich selbst zu erheben und Schritte in ein neues Leben zu wagen.

Holt der fremde Heiler nach, was die Eltern versäumt haben: das Mädchen direkt anzusprechen und zur Eigenständigkeit zu ermutigen? Wir hören Jesus in seiner aramäischen Muttersprache sprechen: „Talita kum!" Dieses fremdsprachliche Einsprengsel vermittelt uns keine zusätzliche Information, doch eine Ahnung zugewandter und belebender Präsenz – als erreichte uns unvermittelt eine fremde Stimme, die uns aus einem unseligen Dornröschenschlaf zurück ins Leben ruft.

Das totgeglaubte Mädchen erweist sich als ansprechbar und responsiv. Es kämpft sich nicht mühsam hoch, sondern springt gleich auf und geht herum – und es geht hinaus. Nur so kann die Menge es sehen und in Staunen geraten. Nach der blutflüssigen Frau wagt nun auch dieses Mädchen ein Coming-out, indem es aus der Welt ihres Vaters hinaustritt, dessen Name so strahlend ist, dass seine Tochter und seine Frau namenlos bleiben. Jaïrus und seiner Frau mag es dabei ergehen wie heutigen Eltern, die darüber staunen, was ihr Kind alles zu tun vermag, wenn sich das Setting verändert. Die spontane Reaktion des angesprochenen Mädchens bestätigt die Diagnose des Heilers, das Mädchen sei nicht tot. Man kann dies als Glaubensbekenntnis lesen: Für Gott ist niemand so tot, dass er oder sie nicht mehr durch sein erweckendes Wort ansprechbar und erweckbar wäre. Wer die Welt aus dem Nichts hervorzurufen vermag, dem ist zuzutrauen, auch jene neu ins Leben zu rufen, die in den Tod sinken.

Beiläufig erfahren wir am Ende das Alter des Mädchens: Zwölfjährig sei es gewesen. Damit schließt sich die Babuschka, die kleinere Figur fügt sich in die größere ein. Die Zeit, in der die blutflüssige Frau an ihrer Krankheit litt, deckt sich mit der bisherigen Lebenszeit des Mädchens. Die zwei Lebensgeschichten, welche die Erzählung miteinander verschachtelt, sind auf geheimnisvolle Weise miteinander verbunden. Doch wie genau? Zwölf Jahre: das ist die Zeit, in der gewöhnlich die Monatsblutung einsetzt und Mädchen in antiken Gesellschaften ins heiratsfähige Alter kommen – ein schwieriger Übergang! Die beiden Frauenschicksale sind durch den vaginalen Blutfluss verknüpft, der bei der leidenden Frau nicht aufhören will, während er beim Mädchen eben erst beginnt – beginnen könnte, würde ihr Leben nicht ins Stocken geraten.

Verbunden sind die beiden durch zwei Männer: Jesus und Jaïrus. Die Rolle des Letzteren bleibt im Dunkeln. Trägt Jaïrus Mitschuld an der Erkrankung seiner Tochter? Stand er nicht, bevor er Jesu zu Hilfe holte, auf der Seite derer, die ihn ablehnten? Geht es in diesen beiden miteinander verschlungenen Geschichten auch um den Lebenskonflikt, in den Jesus zunehmend hineingerät? Immerhin haben wir einen Synagogenvorsteher vor uns, jemanden also, der sich beruflich mit der Auslegung der Reinheitsgebote zu beschäftigen hat. Der Zwischenfall, der Jesus auf seinem Weg zu Jaïrus' Tochter aufhält, ist eine indirekte Konfrontation zwischen einem Gesetzeshüter und einer Frau, die krankheitsbedingt in ein spannungsvolles Verhältnis zu rituellen Vorschriften gekommen ist. Wachte Jaïrus als moralische Instanz auch aufmerksam darüber, dass seine Tochter keine Grenzen überschritt? Doch wie kann man erwachsen werden, ohne das zu tun?

Nicht überlesen werden sollte schließlich, was den Eltern am Ende ans Herz gelegt wird: „Gebt dem Mädchen zu essen!" Haben es die Eltern versäumt, das Kind angemessen zu ernähren? Oder möchte uns der Evangelist darauf hinweisen, dass das Mädchen an Magersucht litt? Das Leiden des Mädchens erscheint als Gegenbild zur Not der blutflüssigen Frau. Die Lebensenergie, die diese unaufhörlich verlor, kommt bei der Tochter des Jaïrus nicht an. Beide Nöte führen in die soziale Isolation und an die Todesgrenze. In beiden Fällen geschieht die Heilung durch leibliche Berührung und inspirierende Kommunikation. Sie geschieht, wo der Abfluss der Lebenskraft gestoppt und ihr Zufluss ermöglicht wird. Hier wie dort ist Heilung ein Prozess: Bei der Frau folgt auf die körperliche Heilung die spirituelle Integration, während das Mädchen eine mehrstufige Rehabilitation durchläuft, zu der auch die gute Ernährung beiträgt. Die Heilung beschränkt sich nicht auf die notfallmedizinische Überlebenssicherung, sondern führt zur Lebensfülle.

Findet auch Jaïrus zu dieser Fülle? Wie wirkt sich der Weg, den er mit Jesus zurücklegte, auf ihn selbst aus? Wie das Gleichnis von den verlorenen Söhnen klingt die Erzählung mit einem offenen Ende aus. Es führt die Lesenden zu sich selbst zurück. Sie entscheiden, wie die Geschichte weitergeht.

Refigurationen: Erzählte Berührungen – berührendes Erzählen

In ihrer Vielschichtigkeit erscheint die Doppelerzählung in Mk 5,21–43 als Synthese des therapeutischen Wirkens Jesu. Die Geschichte verläuft turbulent, laut und hektisch. Und beide Protagonistinnen drohen in einer lärmenden Menge unterzugehen und von großmächtigen Stimmen ausgelöscht zu werden. Die Zwölf, die Schlüsselzahl dieser Erzählung, steht für pausenlose Aktivität, für aufeinanderfolgende Arbeitswochen, die nicht durch einen Sabbat unterbrochen werden. Die Heilung geschieht in dem Moment, in dem die Frau das hektische und zielorientierte Voranschreiten durch ihre Berührung zum Stillstand bringt. Plötzlich kehrt Ruhe ein, in der sie sich in ihrer Not zeigen und die Berührung sich vertiefen kann. Und ähnlich geschieht auch die Auferweckung des zwölfjährigen Mädchens in einem Raum der Ruhe.

Sinnigerweise wird die Geschichte so erzählt, dass die sie Lesenden selbst vom Sog der linearen Handlungszeit erfasst werden, der durch die Notfallsituation erzeugt wird. Wie der lärmende Tross werden sie dann ausgebremst und vom zielorientierten Unterwegssein zum aufmerksamen Verweilen geführt. Dadurch können sie an der heilsamen Berührung, von der erzählt wird, teilhaben. Wir werden durch diese Erzählung herausgeführt „aus dem Bereich menschlicher Möglichkeiten, wo man ständig gegen die Zeit kämpft, in einen außerordentlichen Raum des Glaubens, wo […] das menschlich Unmögliche möglich wird"[18].

Das Erzählen von heilenden Berührungen weckt die Erinnerung an solche und kann einen selbst anrühren. Eine kontemplative Lektüre trägt dazu bei, dass ein heilsames Resonanzgeschehen in Gang kommt. Biblische Geschichten verflechten sich mit heutigen Geschichten und die erzählten Berührungen aktualisieren sich im Leben der Lesenden. Musa W. Dube schreibt mit Blick auf Mk 5,21–43: „Geschichtenerzählen ist Anlass und Ereignis der Partizipation an gegenseitigen individuellen und sozialen Heilungsprozessen."[19]

In der Pfarrkirche von Sachseln wird der lange braune Rock ausgestellt, den Bruder Klaus während seiner Zeit als Einsiedler trug. Seine Frau Dorothea wob ihm das kragenlose Ganzkörpergewand zum Abschied vor dessen großem Aufbruch. In früheren Zeiten, so erzählte mir meine Mutter einst, habe man durch ein rundes Loch in die Vitrine hineingreifen und den rauen Wollstoff berühren können. Viele hätten durch diese Berührung Heilung erfahren. Selbst wenn meine Hand diesen rauen Rock nie direkt berühren konnte und ich mir als Kind lediglich imaginierte, wie er sich anfühlen musste, begleitet mich seither das Gefühl, mit dem Heiligen in Berührung gekommen zu sein. Der raue Stoff macht sinnlich und atmosphärisch erfahrbar, dass dieser Heilige nah- und berührbar war. In der erträumten Berührung seines Kleids entdeckte ich auf kindliche Weise, dass sein Leben auf geheimnisvolle Weise mit dem meinigen verbunden ist.

Die Berührung mit dem Heiligen, wie sie uns Markus auf zwei komplementäre Weisen vor Augen führt – als aktives Berühren ebenso wie als Berührtwerden –, setzt eine Refiguration menschlichen Lebens in Gang, die erzählend eingeholt werden möchte. Die heilsame Berührung geht zwar dem Erzählen voraus, doch ohne dieses wäre sie nicht nachhaltig. Heilung ist auf erzählerische Integration angewiesen. Die biblischen Heilungsberichte sind Modellgeschichten, die vergegenwärtigen, was die Berührung mit dem Heiligen bewirkt. Und sie ermutigen gleichzeitig dazu, im Horizont, den sie eröffnen, uns selbst neu zu erzählen und als immer schon Berührte zu entdecken.

In ihrem Buch *Kitchen Table Wisdom* berichtet Rachel Naomi Remen von therapeutischen Prozessen, in denen Berührungen und deren narrative Integration eine bedeutsame Rolle spielen. So erzählt sie die Geschichte einer Frau, die an einem chronischen Erschöpfungssyndrom litt und in ihrer Not von einem Arzt zum andern ging, ohne dass ihre Not dadurch gelindert wurde. In der psychotherapeutischen Praxis von Remen wurde ihr schließlich die Einsicht geschenkt, dass nicht ihre chronische Krankheit sie am Leben hinderte, sondern sie sich selbst mit unrealistischen Vorstellungen und Erwartungen behinderte.[20] Heilung bedeutete in ihrem Fall, sich von der fixen Idee zu verabschieden, zuerst alle gesundheitlichen Probleme lösen zu müssen, um dann endlich wieder ‚richtig' leben zu können.

Remen berichtet ebenso von der Begleitung der zwölfjährigen Tochter eines orthodoxen Rabbiners, die an einem Hodgkin-Lymphom litt. Als ein Bestrahlungstermin auf den Jom Kippur, den höchsten jüdischen Feiertag, gelegt wurde, protestierte ihr Vater energisch dagegen und kündigte an, den Oberrabbiner von New York um Unterstützung zu bitten. Am besagten Jom Kippur erschien das kranke Mädchen jedoch nicht nur pünktlich zur Bestrahlung, sondern wurde sogar von ihrem Vater persönlich begleitet. Dieser berichtete der erstaunten Ärztin, der Oberrabbiner habe darauf bestanden, dass die Therapie wie geplant durchzuführen sei und er seine Tochter aus religiösen und humanitären Gründen begleiten müsse. Nur so könne sie erfahren, dass die Tora dem Leben diene und sie mit Gott verbunden sei.[21]

Der Sohn eines königlichen Beamten
(Joh 4,46–53)

Einem ähnlichen Schicksal wie Jaïrus' Tochter begegnen wir in der von Johannes überlieferten Geschichte eines

Beamtensohns, der mit seiner Familie ebenfalls in Kafarnaum wohnt. Jesus ist gerade in Kana, das auf einem der Hügelzüge Galiläas gelegen und etwa eine Tageswanderung von Kafarnaum entfernt ist. Gleich zu Beginn erinnert Johannes an einen früheren Aufenthalt Jesu an diesem Ort und an die wunderbare Wandlung von Not in Lebensfülle:

Joh 4,46 Jesus kam wieder nach Kana in Galiläa, wo er das Wasser in Wein verwandelt hatte. In Kafarnaum lebte ein königlicher Beamter; dessen Sohn war krank. 47 Als er hörte, dass Jesus von Judäa nach Galiläa gekommen war, suchte er ihn auf und bat ihn, herabzukommen und seinen Sohn zu heilen; denn er lag im Sterben. 48 Da sagte Jesus zu ihm: Wenn ihr nicht Zeichen und Wunder seht, glaubt ihr nicht. 49 Der Beamte bat ihn: Herr, komm herab, ehe mein Kind stirbt! 50 Jesus erwiderte ihm: Geh, dein Sohn lebt! Der Mann glaubte dem Wort, das Jesus zu ihm gesagt hatte, und machte sich auf den Weg. 51 Noch während er hinabging, kamen ihm seine Diener entgegen und sagten: Dein Junge lebt. 52 Da fragte er sie genau nach der Stunde, in der die Besserung eingetreten war. Sie antworteten: Gestern in der siebten Stunde ist das Fieber von ihm gewichen. 53 Da erkannte der Vater, dass es genau zu der Stunde war, als Jesus zu ihm gesagt hatte: Dein Sohn lebt. Und er wurde gläubig mit seinem ganzen Haus.

Endete die Heilung des zwölfjährigen Mädchens mit der Aufforderung, dieses mit guter Nahrung zu versorgen, so beginnt die vorliegende Erzählung mit der Erinnerung an die wunderbare Verwandlung von Wasser zu Wein. Das Fischerdorf Kafarnaum steht für den täglichen Überlebenskampf, der Hochzeitsort Kana für Überfluss. Der

Weg, den das Johannesevangelium bezeugt, führt vom Überleben (*bios*) zum Leben in Fülle (*zoè*). Die Verheißung, die Jesus verkörpert und vergegenwärtigt, führt über bloße biologische Selbsterhaltung hinaus. Wo Überlebensstrategien an ihre Grenzen stoßen, bricht die Fülle durch.

Damit sind die Vorzeichen für diese Geschichte gesetzt, in welcher ein von schwerem Leid betroffener Vater, der an Jaïrus erinnert, von Kafarnaum nach Kana und dann wieder zurückeilt. Die Todesnähe, in welcher sein Sohn schwebt, duldet keinen Aufschub. Möglicherweise ist es sein einziger Sohn, ein Hoffnungskind, auf dem hohe Erwartungen ruhen. Und vielleicht sind diese hohen Erwartungen ein Teil des Problems.

Den todkranken Jungen selbst bekommen wir, anders als Jaïrus' Tochter, nicht zu Gesicht. Die ganze Aufmerksamkeit des Erzählers liegt auf dem Vater, auf dem Weg, den er zurücklegt. Der Hinweg führt aufwärts, der Rückweg abwärts – Bewegungen, die zu den Leitmotiven dieses Evangeliums gehören, in dem Jesus selbst eine Ab- und Aufstiegsbewegung vollzieht. Im Weg des königlichen Beamten, der wie Jaïrus der gehobenen sozialen Schicht angehört, lässt sich die Grundbewegung christlicher Existenz erkennen: die betende Erhebung auf Christus hin, die sich mit einer Umkehr verbindet und in den Alltag zurück- und hineinführt.

Zur Lebensfülle finden wir, so denkt unser Alltagsverstand, durch eine Intensivierung dessen, was uns bereits zugänglich ist. Das halbvolle Glas soll so lange aufgefüllt werden, bis es überfließt. Der königliche Beamte stellte sich sein Leben vermutlich als stetiges Wachstum vor. Eben noch lief alles so gut, doch unvermittelt kehrt sich das Blatt. Der Weg wendet sich und führt durch Armut und Leere.

Wie schon Naaman und Jaïrus wird der königliche Beamte nicht nach Wunsch behandelt. Seine Bitte ist unmissverständlich: Komm herab mit mir und heile meinen Sohn, denn er liegt im Sterben! Doch der Heiler will die Rolle des Wunderheilers nicht übernehmen – so wie er zuvor während der besagten Hochzeit sich nicht in die Rolle des wundertätigen Retters schieben lassen wollte. Der Beamte aber lässt sich nicht abwimmeln und wiederholt seine Bitte: „Herr, komm herab, ehe mein Kind stirbt!" Kann man eine solche Bitte ausschlagen?

Jesus bleibt unbeeindruckt und der betroffene Vater muss den Rückweg allein antreten. Er bekommt zwar keine therapeutischen Hinweise mit auf den Weg, doch einen Auftrag und eine Zusage: „Geh, dein Sohn lebt!" Ist diesen Worten zu trauen? Gibt es Anhaltspunkte dafür? Oder muss er glauben, ohne schon etwas zu sehen und zu verstehen? Der Evangelist legt dem Beamten jenen Glauben ins Herz, der Thomas nach Ostern fehlt (Joh 20,25). Er gleicht Abraham, der vertrauensvoll aus der Kraft einer großen Verheißung aufbricht: „Der Mann glaubte dem Wort, das Jesus zu ihm gesagt hatte, und machte sich auf den Weg." Der Weg führt nun in die andere Richtung, abwärts, es geht sich leichter, er eilt nach Hause.

Wer dem Erzählduktus folgt, erwartet, dass der Beamte in Kafarnaum seinen Sohn lebend antreffen wird. Doch die Geschichte nimmt nochmals eine nicht vorauszusehende Wende. Der Weg zum Ziel wird verkürzt. Noch unterwegs erreicht den Beamten die gute Nachricht: „Dein Junge lebt." Wenn der griechische Text hier für *leben* das Verb wählt, das von *zoè* abgeleitet ist, wird damit angedeutet, dass der Sohn nicht nur überlebt, sondern in eine neue Lebenssphäre hineinfindet. Aus dem Beamtensohn wird ein Königskind. Dass auch gleich das ganze Haus des Beamten, also die erweiterte Familie, in diese Bewegung hineingenommen wird, ist konsequent, wenn man davon ausgeht, dass die Krankheit des Sohnes das ganze Familiensystem betraf. Dem Verdacht, dass es die väterliche Autorität ist, die der Familie einen neuen Glauben diktiert, korrigiert der Erzähler dadurch, dass er die Diener als Evangelisten auftreten lässt. Sie sind es, die dem Vater die frohe Botschaft überbringen.

Wie bei jeder Fernheilung wirft dieser Bericht die Frage auf, ob die Heilung tatsächlich durch das Handeln des Therapeuten bewirkt wurde. Hat sich der Junge nicht einfach unabhängig davon von seiner Krankheit erholt? Die Leserinnen und Leser verlieren an dieser Stelle ihre privilegierte Position, welche die Erzählung ihnen bislang einräumte. Am Ende wissen sie nicht mehr, als was der Beamte erfährt: Die Heilung geschah zur selben Stunde, in welcher dieser die Zusage Jesu bekommen hat. Das ist das Zeichen, welches das Johannesevangelium bezeugt. Der Rest ist Glaube und Vertrauen.

Aufblühen: Therapeutisches Vertrauen

Die Erzählung vom königlichen Beamten ist eine Geschichte wachsenden Vertrauens. Der genaue Ursprung dieses Vertrauens liegt im Dunkeln. Es geht dem erzählten Geschehen voraus und ermöglicht es. Genauer betrachtet haben wir es mit einem mehrfachen und vielschichtigen Vertrauen zu tun: Der Vater verlässt sich auf die Verheißung, die ihm mitgegeben wird, *weil* er dem

Heiler vertraut und er schon zuvor den Menschen vertraut hat, die ihm von dessen therapeutischem Wirken erzählten. Dass der Sohn schließlich gerettet wird, belegt nicht nur, dass das Vertrauen gerechtfertigt war, sondern es vertieft und erweitert es auch. Selbst wenn der königliche Beamte nicht nochmals zu Jesus zurückkehrt, verhält er sich ähnlich wie jener Aussätzige, der dies nach seiner Heilung tut. Dass er nach erfolgter Heilung nicht einfach sein bisheriges Leben fortsetzt, geschieht aus freien Stücken. Die Erzählung berichtet von einer tiefgreifenden Veränderung, in die sein Umfeld hineingezogen wird. Das therapeutische Vertrauen wird zum Lebensmodus, der alles Tun und Lassen prägt.

Eine zeitgenössische Heilungsgeschichte, in der ein Vater und dessen Vertrauen eine zentrale Rolle spielen, findet sich in den autobiographischen Texten von Hanns-Josef Ortheil, in denen er beschreibt, wie er aus seiner kindlichen Stummheit befreit wurde. In Angleichung an seine Mutter, die nach dem traumatischen Verlust von vier Söhnen verstummte, hatte er mit dreieinhalb Jahren aufgehört zu sprechen. Im Rückblick beschreibt Ortheil seine Mutter als „ein lebendes, in sich erstarrtes, zu Tode erschrockenes Bündel, das aufhörte, weiter an das Leben zu glauben"[22].

Dass er mit sieben Jahren wieder zu sprechen beginnt, verdankt Ortheil dem geduldigen und klugen Bemühen seines Vaters, dessen Weltvertrauen in einem unerschütterten religiösen Glauben gründet. Er lebt dem Sohn vor, was es heißt, die Welt zu erkunden, und bringt ihm Lesen und Schreiben bei. Aus dem stummen Kind wird so schrittweise „das Kind, das schreibt"[23] und das schließlich zum Schriftsteller und Professor für kreatives Schreiben wird. Das Vertrauen und Zutrauen des Vaters bildet für das verschüchterte Kind eine Brücke, über die es schließlich zurück in die gesprochene Sprache findet.

Jahrzehnte später entdeckt Ortheil, dass das Vertrauen seines Vaters noch in einer weiteren Weise in ihm weiterwirkt. In einem Kölner Gasthaus vor einem Bier sitzend stellt er fest, dass sein Kinderglaube nicht verloren gegangen, sondern nur verschüttet worden ist: „Im Grunde habe ich also mein Leben lang an Gott geglaubt, sage ich plötzlich zu mir."[24]

Der suizidale Junge (Mk 9,14–29)

Das heilende Wirken Jesu ist kontrastbildend: Kommt Licht ins Dunkel, kommt das Dunkle ans Licht. In kaum einer Erzählung wird das so deutlich wie in der folgenden. Noch erfüllt von einem Gipfelerlebnis kommt Jesus nach einem längeren Abstieg ins Basislager und trifft seine Jünger in einem Streitgespräch an. Worum geht es?

Mk 9,14 Als sie zu den anderen Jüngern zurückkamen, sahen sie eine große Menschenmenge um sie versammelt und Schriftgelehrte, die mit ihnen stritten. 15 Sobald die Leute Jesus sahen, liefen sie in großer Erregung auf ihn zu und begrüßten ihn. 16 Er fragte sie: Warum streitet ihr mit ihnen? 17 Einer aus der Menge antwortete ihm: Meister, ich habe meinen Sohn zu dir gebracht. Er ist von einem stummen Geist besessen; 18 immer wenn der Geist ihn überfällt, wirft er ihn zu Boden und meinem Sohn tritt Schaum vor den Mund, er knirscht mit den Zähnen und

wird starr. Ich habe schon deine Jünger gebeten, den Geist aus-
zutreiben, aber sie hatten nicht die Kraft dazu. 19 Da sagte er zu
ihnen: O du ungläubige Generation! Wie lange muss ich noch bei
euch sein? Wie lange muss ich euch noch ertragen? Bringt ihn zu
mir! 20 Und man führte ihn herbei. Sobald der Geist Jesus sah,
zerrte er den Jungen hin und her, sodass er hinfiel und sich mit
Schaum vor dem Mund auf dem Boden wälzte. 21 Jesus fragte
den Vater: Wie lange hat er das schon? Der Vater antwortete:
Von Kind auf; 22 oft hat er ihn sogar ins Feuer oder ins Wasser
geworfen, um ihn umzubringen. Doch wenn du kannst, hilf uns;
hab Mitleid mit uns! 23 Jesus sagte zu ihm: Wenn du kannst?
Alles kann, wer glaubt. 24 Da rief der Vater des Knaben: Ich
glaube; hilf meinem Unglauben! 25 Als Jesus sah, dass die Leute
zusammenliefen, drohte er dem unreinen Geist und sagte: Ich
befehle dir, du stummer und tauber Geist: Verlass ihn und kehr
nicht mehr in ihn zurück! 26 Da zerrte der Geist den Knaben
hin und her und verließ ihn mit lautem Geschrei. Er lag da wie
tot, sodass alle Leute sagten: Er ist gestorben. 27 Jesus aber fasste
ihn an der Hand und richtete ihn auf und er erhob sich. 28 Jesus
trat in das Haus und seine Jünger fragten ihn, als sie allein waren:
Warum konnten denn wir den Dämon nicht austreiben? 29 Er
antwortete ihnen: Diese Art kann nur durch Gebet ausgetrieben
werden.

Vom therapeutischen Misserfolg seiner Jünger erfährt
Jesus nicht von diesen selbst, sondern vom Vater des
kranken Jungen. Ob der Streit damit zusammenhängt,
bleibt unklar. Auf seine Frage, was denn los sei, bekommt
Jesus keine klare Antwort. Seine Frage lässt sich als Er-
mahnung hören: „Warum verschwendet ihr eure Energie
mit solchen Streitsachen?" Kein Wunder fehlt ihnen die
Kraft zum Heilen!

Während die Jünger betreten schweigen, tritt der besorgte Vater aus der Menge und wendet sich nochmals mit demselben Anliegen an Jesus. Was er sagt, erstaunt, behauptet er doch, er habe seinen Sohn zu ihm gebracht. Im weiteren Verlauf der Erzählung zeigt sich jedoch, dass dieser zu diesem Zeitpunkt noch gar nicht da ist. Vielleicht möchte der Vater sagen: „Ich wollte ihn zu dir bringen, doch warst du dann leider nicht da." Der Vater meint genau zu wissen, woran sein Sohn leidet. Ein stummer Geist sei in ihn gefahren. Tatsächlich spricht in dieser Erzählung nur der Vater – auch für den Sohn und an seiner Stelle, was möglicherweise ein Teil des Problems ist.

Stimmt die Diagnose des Vaters? Die Symptome, welche beschrieben werden, weisen eher in eine andere Richtung. Erzählt wird von Anfällen, die dazu führen, dass der Junge zu Boden fällt, zu schäumen beginnt und sich verbeißt, um am Ende erstarrt liegen zu bleiben. Aus heutiger Sicht gibt es kaum Zweifel: Dieses Kind leidet an Epilepsie. Seine Krankheit ist also organisch bedingt. Dafür dämonologische Erklärungen ins Spiel zu bringen, erscheint uns nicht nur als überflüssig, sondern als problematisch. Sie führt zu einer Fehlbehandlung und zur Stigmatisierung der Betroffenen.

Teilt Jesus die Vorstellung des Vaters? Oder nimmt er neben oder hinter der epileptischen Erkrankung noch ein anderes Leiden wahr? Im Text finden sich zumindest Hinweise auf ein solches Leiden. Der Junge ist suizidal. Er hat sich, so wird berichtet, schon mehrfach ins Feuer und ins Wasser geworfen. Sein Leiden und sein Leben scheinen ihm unerträglich geworden zu sein.

Der Vater bittet den fremden Heiler um Unterstützung, doch nicht ohne sogleich einschränkend hinzuzufügen: „wenn du kannst". Ganz sicher ist er sich offenbar nicht, ob diesem Therapeuten zu trauen ist. Er nimmt das mögliche Scheitern schon vorweg. Genau an dieser Stelle hakt Jesus nach: „Alles kann, wer glaubt!" Damit berührt er die wunde Stelle. Der Vater versteht sofort, was gemeint ist; und antwortet mit einem eigentümlich paradoxen Bekenntnis. Er bekennt nicht nur sein Glauben-Wollen, sondern ebenso seinen Unglauben, sein Nicht-Glauben-Können, und bittet um Unterstützung. Plötzlich steht nicht mehr der Sohn mit seiner Krankheit, sondern der Vater mit seiner Glaubensnot im Fokus.

Im Gespräch zwischen dem Vater und Jesus kommt eine tiefere Problematik zum Vorschein, die nicht als Ursache der epileptischen Erkrankung zu verstehen ist, jedoch den Umgang mit dieser erschwert und so das Leiden verstärkt. Der Sinn der Wurzelbehandlung, die nun folgt, erschließt sich aus diesem Zusammenhang. Für einmal kombiniert Jesus zwei therapeutische Verfahren, die er sonst nicht verbindet: Exorzismus und Berührung. Zunächst wird der Plagegeist adressiert, danach wendet sich Jesus dem Jungen selbst zu und hilft ihm auf die Füße. Wie bei Jaïrus' Tochter setzt die Berührung im Jungen die Energie frei, sich selbst zu erheben.

Am Ende kommen nochmals die Jünger in den Blick. Bislang sind sie so stumm geblieben wie der Junge selbst. Erst als sie wieder unter sich sind, wagen sie zu sprechen. Statt sich über die Heilung des Jungen zu freuen, nagen sie an ihrem Misserfolg. Was nur haben sie falsch gemacht? Aus der Antwort Jesu lässt sich entnehmen, dass sie das Wichtigste vergessen haben: das Gebet. Sie sind der therapeutischen Versuchung erlegen, sich selbst in den Vordergrund zu rücken, statt sich zurückzunehmen und um Kraft und Beistand zu bitten.

Entstigmatisierung: Mit inneren Stimmen leben

Nicht selten verbinden sich physische Leiden in komplexer Weise mit psychischen und sozialen Belastungen. Die seelische Not, die durch Epilepsie oder chronischen Schmerz erzeugt wird, wirkt auf das körperliche Leiden zurück und verstärkt es, was wiederum die psychische Not intensiviert – eine negative Spirale, zu der auch soziale Faktoren beitragen. Die Mechanismen sozialer Ausgrenzung, die den epileptischen Jungen destabilisieren dürften, wirken bis heute. Sie stürzen körperlich oder psychisch belastete Menschen in den Teufelskreis von Isolation, Selbstabwertung und Verzweiflung. Die Medizin spielt in diesem Prozess oft eine ambivalente Rolle. Zwar kann biomedizinisches Wissen zur Entstigmatisierung einer Erkrankung wie Epilepsie beitragen. Wenn es jedoch um Phänomene wie das Stimmenhören geht, die in größerem Maße von sozialen Faktoren abhängig sind, kann ein biomedizinisch verengter Blick selbst zur Stigmatisierung beitragen.

Wie Menschen, die innere Stimmen hören, diese erleben und wie sie mit ihnen umgehen, hängt nicht zuletzt davon ab, wie dieses Phänomen gesellschaftlich und medizinisch wahrgenommen und bewertet wird. In Ländern wie Indien und Ghana, in denen das Stimmenhören eher als etwas betrachtet wird, was zum Menschsein gehört und bei einigen häufiger und intensiver auftritt als bei anderen, werden die inneren Stimmen im Allgemeinen als weniger aggressiv und bedrohlich erlebt als in Nordamerika und Europa, wo eine einseitig pathologisierende Sichtweise vorherrscht.[25]

In Antwort auf eine reduktionistische Betrachtung des Stimmenhörens entwickelt sich seit einigen Jahrzehnten eine weltweite Bewegung, die für eine differenzierte Neubewertung dieses Phänomens eintritt. Es gibt gute Gründe, die Entstigmatisierung von Stimmenhörerinnen und -hörern auch von christlichtheologischer Seite zu unterstützen.[26] Um deren Erfahrungen zu würdigen, befragte John Swinton schottische Stimmenhörer. Dazu gehörte eine Frau, die seit ihrem zwölften Lebensjahr mit belastenden Stimmen konfrontiert war und therapeutisch behandelt wurde. Die christliche Gemeinschaft, der sie angehörte, kategorisierte ihre Erfahrungen als dämonisch und drängte sie zu intensivem Gebet. Als die erhoffte Wirkung ausblieb und die negative Kraft dieser Stimmen sich stattdessen intensivierte, wurde dies auf Glaubensschwäche zurückgeführt. Jahre später verschwanden die inneren Stimmen schließlich so unvermittelt, wie sie gekommen waren. Das überraschende Verstummen der inneren Stimmen bedeutete für Swintons Gesprächspartnerin jedoch nicht nur eine Entlastung. So froh sie war, dass die bedrängenden Stimmen sie nun in Ruhe ließen, so traurig war sie um den gleichzeitigen Verlust der freundlichen Stimmen: „Es war plötzlich völlig ruhig, und ich hatte niemanden, mit dem ich mitten in der Nacht sprechen konnte."[27]

Die Tochter einer Syrophönizierin (Mk 7,24–30)

Jesu Wirken beschränkt sich nicht auf das Gebiet Israels und die jüdische Bevölkerung, sondern drängt über dessen Grenzen hinaus: zunächst in östlicher Richtung nach Gerasa und nun nach Westen. Die Reise in die alte Hafen- und Handelsstadt Tyrus dürfte auf eine persönliche Begegnung zurückgehen. Früh schon sind Menschen aus dieser Gegend auf Jesus aufmerksam geworden (Mk 3,8). Vermutlich haben sie ihn zu einem Besuch eingeladen. In Tyrus angekommen möchte der Heiler nicht, dass viel Aufhebens um ihn gemacht wird. Er will sich ausruhen und bittet um Diskretion. Doch wie oft geraten seine Pläne durcheinander. Bald schon spricht es sich herum, dass er da ist, und Menschen aller Art strömen herbei.

Mk 7,24 Jesus brach auf und zog von dort in das Gebiet von Tyrus. Er ging in ein Haus, wollte aber, dass niemand davon erfuhr; doch es konnte nicht verborgen bleiben. 25 Eine Frau, deren Tochter von einem unreinen Geist besessen war, hörte von ihm; sie kam sogleich herbei und fiel ihm zu Füßen. 26 Die Frau, von Geburt Syrophönizierin, war eine Heidin. Sie bat ihn, aus ihrer Tochter den Dämon auszutreiben. 27 Da sagte er zu ihr: Lasst zuerst die Kinder satt werden; denn es ist nicht recht, das Brot den Kindern wegzunehmen und den kleinen Hunden vorzuwerfen. 28 Sie erwiderte ihm: Herr! Aber auch die kleinen Hunde unter dem Tisch essen von den Brotkrumen der Kinder. 29 Er antwortete ihr: Weil du das gesagt hast, sage ich dir: Geh nach Hause, der Dämon hat deine Tochter verlassen! 30 Und als sie nach Hause kam, fand sie das Kind auf dem Bett liegen und sah, dass der Dämon es verlassen hatte.

Das therapeutische Wirken Jesu ist von Beginn an responsiv. Er ist kein mobiler Heilpraktiker, der überall, wo er hinkommt, seine Dienste anbietet. Er heilt nicht nach Plan und Vorsatz, sondern weil er mit menschlichem Leiden konfrontiert wird und darauf nicht nicht antworten kann. Es ist die Not, die ihm begegnet, die ihn, ähnlich wie den Barmherzigen Samariter, herausfordert, alles zu tun, was in seiner Macht steht. Die Rolle, in die er von leidenden Menschen gedrängt wird, behagt ihm nicht immer. In der vorliegenden Erzählung reagiert er ausgesprochen unfreundlich. Eine aufreibende Zeit liegt hinter ihm. Vielleicht ist er nach Tyrus gereist, um Abstand zu gewinnen und sich im Kreise einer ihm wohlgesonnenen Familie zu erholen. Und jetzt das: Nur wenige Stunden nach seiner Ankunft in der geschäftigen Metropole steht eine Fremde vor der Tür und erzählt eine wirre Geschichte. Als Syrophönizierin gehört sie der Bevölkerungsmehrheit an. Sie ist eine Einheimische, er der Fremde. Doch für den jüdischen Gast in einem jüdischen Hause, ist *sie* die Fremde. Die Worte, mit denen er die ungebetene Ruhestörerin abweist, sind so schroff, dass man sich fragt, was in diesen Menschen gefahren ist. Ist er selbst von einem bösen Geist gepackt worden?

In seiner barschen Antwort vergleicht Jesus das Anliegen der Frau mit Mundraub und, als wäre das nicht schon verletzend genug, sie selbst und ihre Tochter mit streunenden Hunden, die man verscheucht, wenn sie sich hungrig einem gedeckten Tisch nähern. Doch die unerschrockene Einheimische lässt sich nicht abwiegeln. Sie antwortet dem Fremden mit seinem eigenen Bild und kehrt es um. So stößt sie einen Prozess der Selbstüberschreitung an, den wenig später das werdende Christentum insgesamt durchlaufen wird.

Was Markus hier berichtet, durchkreuzt die Erwartungen damaliger und heutiger Leserinnen und Leser. In der Begegnung zwischen Jesus und der Syrophönizierin muss nicht sie, sondern er sich bekehren. Und er tut es. Für einmal gerät er selbst ins Staunen, wodurch jede weitere Bitte überflüssig wird. In dem Moment, in welchem die Verachtung sich in Respekt verwandelt, wird die Tochter geheilt. Auch in dieser Geschichte geht es also um systemische Heilung: Indem die Mutter, die sich zu Boden geworfen hat, wieder aufgerichtet wird, indem sie ihre Sorge loszulassen vermag und sich auf einen Weg des Vertrauens begibt, öffnet sich für die Tochter die Tür in ein neues Leben. Das Mädchen liegt zwar noch im Bett, als die Mutter heimkommt, doch ihre Not ist verschwunden. Ist sie auch ein Vorausbild des Heidenchristentums, das erst noch auf die Füße kommen muss?

Widerstandskraft: Mit Gott ringen

Heilungsprozesse, wie sie die Evangelien bezeugen, geschehen durch ein intensives Mitwirken des Umfelds, das manchmal förderlich, manchmal hinderlich ist. Das Besondere an der vorliegenden Erzählung ist es, dass die Widerstände, die zu überwinden sind, teilweise im Therapeuten selbst liegen. Das Ringen mit dem fremden und abweisenden Heiler gleicht dem nächtlichen Kampf am Jabbok (Gen 32,23–33). Wie Jakob kämpft die Syrophönizierin um den Segen. Und ihr Ringen endet wie jenes am Jabbok damit, dass nicht nur sie, sondern auch ihr Gegenüber sich verwandelt. Dadurch ergänzt diese

Erzählung die bisher betrachteten Heilungsgeschichten um einen wichtigen Zug: so sehr Heilung Geschenk ist, geschieht sie doch im Ringen mit Gott. Die biblische Erzählung bringt zusammen, was als unvereinbar erscheint: Kampf und Gnade.

Davon erzählt die reformierte Pfarrerin Marion Muller-Colard in ihrem Buch *Als mir das Licht unerträglich wurde*. Der Kampf beginnt, als ihr zweites Kind zwei Monate nach der Geburt lebensgefährlich erkrankt: „Medikamente, Morphium, Schläuche, der stundenlange verbissene Kampf des Reanimationsspezialisten, um die Maschine wieder in Gang zu bringen, zu der der Körper meines Sohns geworden war – all das hatte ihm im Lauf eines halben Tags ein neues Gesicht gegeben" – ein Gesicht, das selbst die Mutter nicht mehr wiedererkennt.[28] Die intensivmedizinischen Interventionen sind erfolgreich: das Kind überlebt. Doch kaum ist es wieder gesund, versinkt die Mutter in eine schwere Depression: „Die Anzahl meiner Kinder stimmte wieder, aber ich konnte nicht mehr auf mich selbst zählen. Weder für die Wäsche noch für die Mahlzeiten noch in der Nacht für den Schlaf."[29]

Auf ihrem Weg durch die Nacht der Depression wird ihr das Buch Hiob zum Wegweiser. Durch die Konfrontation mit Krankheit und Tod waren bisherige Gewissheiten zerbrochen: „Ich war wütend auf meinen eingebildeten Gott, der ohne Vorwarnung den unbewussten Schutzvertrag aufgekündigt hatte."[30] Gleichzeitig meldet sich in der Sorge um das todkranke Kind eine ihr bisher unbekannte Gelassenheit an, die sie schließlich, nach langem Ringen und Klagen, aus ihrer Depression führen wird: „Wenn ich [...] beim inzwischen beruhigenden

Brummen der maschinellen Sauerstoffversorgung mit den Fingerspitzen das blau angelaufene und geschwollene Gesicht dieses fast fremden Kinds streichelte, überkam mich bisweilen eine verrückte Gelassenheit. Manchmal gibt die Ohnmacht den Blick auf einzigartige Landschaften frei. Die Traurigkeit hatte mich ausgedehnt, sie hatte sozusagen die Oberfläche vergrößert, über die ich mit dem Leben in Kontakt war. Und neben diesem kleinen Körper überlagerte sich mein stummes Flehen um sein Überleben mit der tiefen Überzeugung: *Was immer auch geschieht*, das Unglaubliche und Wunderbare ist, dass er geboren worden ist."[31]

Wurde für Hiob die Wahrnehmung merkwürdiger Tiere zum Tor neuer Gottverbundenheit, so stärkte das todkranke Kind, das sie im Arm trug, Muller-Colards Widerstandskraft und erschloss ihr einen anderen Gott: „Dieser *andere Gott* ist kein Buchhalter. Er zählt nur auf jedes unserer Leben, damit wir mit ihm das Chaos im Schach halten."[32]

4 Öffnungen:
Vom Hellwerden des Lebens

In den Erzählungen, die im vierten Teil dieses Buchs betrachtet werden, richtet sich das therapeutische Wirken Jesu darauf, Menschen aus dunklen, fest verschlossenen Räumen herauszuführen und sie für das Wunder zu öffnen, dass die Wirklichkeit mit und zu ihnen spricht. Die Heilungsprozesse, von denen diese Erzählungen berichten, beschränken sich nicht auf eine Wiederherstellung körperlicher oder mentaler Gesundheit. In der Begegnung mit Jesus entdecken heilungsbedürftige Menschen mehr, als sie gesucht haben: eine Sinnfülle, die hinausweist über alles, was sie bislang als sinnhaft und sinnstiftend wahrgenommen haben. Rückblickend erkennen sie, wofür sie bisher blind waren und was ihnen verschlossen war.

„Effata! Öffne dich!" (Mk 7,31–37)

So vielfältig die Leiden der Menschen sind, so vielgestaltig ist das therapeutische Wirken Jesu. Beim Stimmenhörer von Kafarnaum und den Gelähmten beschränkt er sich auf die Kraft des WORTES. Den Sohn des königlichen Beamten heilt er gar, ohne ihm direkt zu begegnen. Häufiger jedoch geschieht Heilung durch Zuwendung und Berührung. So auch in der folgenden Geschichte, die an die Begegnung mit der Syrophönizierin anschließt. Jesus bewegt sich weiterhin jenseits der Grenzen Israels und durchwandert die Dekapolis, jenes Gebiet, in dem der geheilte Gerasener bereits vor ihm unterwegs war (Mk 5,20). Kein Wunder also, dass die Bewohner schon von ihm gehört haben.

Mk 7,31 Jesus verließ das Gebiet von Tyrus wieder und kam über Sidon an den See von Galiläa, mitten in das Gebiet der Dekapolis. 32 Da brachten sie zu ihm einen, der taub war und stammelte, und baten ihn, er möge ihm die Hand auflegen. 33 Er nahm ihn beiseite, von der Menge weg, legte ihm die Finger in die Ohren und berührte dann die Zunge des Mannes mit Speichel; 34 danach blickte er zum Himmel auf, seufzte und sagte zu ihm: Effata!, das heißt: Öffne dich! 35 Sogleich öffneten sich seine Ohren, seine Zunge wurde von ihrer Fessel befreit und er konnte richtig reden. 36 Jesus verbot ihnen, jemandem davon zu erzählen. Doch je mehr er es ihnen verbot, desto mehr verkündeten sie es. 37 Sie staunten über alle Maßen und sagten: Er hat alles gut gemacht; er macht, dass die Tauben hören und die Stummen sprechen.

In seinem therapeutischen Handeln geht Jesus auf spezifische Nöte ein und berücksichtigt dabei auch besondere Umstände. Jede Heilung ist einzigartig und an jeder ist das soziale Umfeld beteiligt. Ähnlich wie bei der Heilung des gelähmten Mannes (Mk 2,1–12) spielt die Kraft gelebter Solidarität eine zentrale Rolle. Ist doch der Mann, der unter einer Hör- und Sprachbehinderung leidet, angewiesen auf Menschen, die für ihn eintreten und für ihn sprechen. Ohne die Unterstützung seiner Angehörigen wäre ihm die Welt der Sprache und der Zugang zu diesem Heiler gänzlich verschlossen.

Doch wirft die Rolle der Vermittler Fragen auf. Bekanntlich kann Fürsorge leicht in Bevormundung übergehen. In der vorliegenden Geschichte scheinen die Angehörigen genau zu wissen, was der Mann benötigt, wenn sie Jesus bitten, ihm die Hände aufzulegen. Dieser geht auf ihre Bitte ein, beantwortet sie jedoch anders, als sie es sich wünschen. Als Erstes sondert er den Mann von ihnen ab. Für diese Heilung braucht es offenbar einen geschützten Raum. Die Distanz zum sozialen Umfeld und zu den vielen Stimmen, die es bevölkern, ist die Voraussetzung dafür, dass der Mann auf einer tieferen Ebene berührt werden kann. Nur in einer stillen Umgebung kann das Gehör dieses Menschen neu eingestellt werden, kann seine Sprache sich klären.

Indem Jesus den Mann absondert, geschieht noch etwas Weiteres: Er wird in einen neuen Beziehungsraum hineingeholt, an einen Ort geführt, an dem er mit Jesus allein und ganz von Gottes Gegenwart umgeben ist. Keine zerstreuenden und benebelnden Stimmen treten mehr dazwischen und lenken von der Begegnung ab. Dem Heilungsbedürftigen ergeht es wie Israel, das Gott in die Wüste führt, um ihm dort zu Herzen zu sprechen (Hos 2,16). Der Weg der Heilung führt aus der verschatteten Sinnprovinz des Alltags hinaus an einen hellen Ort der Armut, der Nacktheit, der Gottunmittelbarkeit.

Heilung geschieht, wo Menschen mit dem Heiligen in Kontakt kommen. In keiner anderen neutestamentlichen Heilungsgeschichte vollzieht sich dies derart intensiv wie in dieser. Das mag therapeutische Gründe haben: Dem Mann ist der Zugang zur Sprache versperrt. Kein Wunder wählt Jesus den Weg „basaler Stimulation" und vermittelt Gottes Zuwendung spürbar mittels Gebärdensprache.

Anders als Schildkröten und Krokodile sind Menschen rundherum berührbar und verletzlich. Nirgendwo zeigt sich unsere basale Passivität so deutlich wie beim Tastsinn. Bevor wir zu berühren beginnen, sind wir Berührte, Umfangene, Getragene. Auf dieser basalen Ebene setzt Jesus an, um diesen Menschen aus seiner Isolation herauszuführen. Die besondere Nähe, die entsteht, lässt sich lesend nachvollziehen, sind es doch ungewöhnliche therapeutische Methoden, von denen berichtet wird. Jesus aktiviert das taube Ohr, indem er seinen Finger hineinlegt, und löst die blockierte Zunge dadurch, dass er sie mit Speichel ölt.

Um in die verschlossene Welt dieses Menschen eintreten zu können, muss der Heiler sich öffnen, um Gottes Kraft bitten. Das geschieht wortlos, doch nicht lautlos. Indem er sich dem Himmel zuwendet, erneuert Jesus seine Berufungserfahrung. Aus seinem Seufzen, dem hörbaren Ausdruck des prä- und transsprachlichen Geistgebets (Röm 8,26), spricht Mitgefühl, Sorge und Hingabe.

Berührt und umfangen erreicht den Heilungsbedürftigen das WORT, das ihn aus seiner Verschlossenheit herausruft: „Effata!" Jesus spricht hier Aramäisch, selbst im griechischen Text. Das Wort erinnert an das geheimnisvolle „Sesam, öffne dich!", das in den Erzählungen aus Tausendundeiner Nacht den Zugang zur Schatzkammer eröffnet. Wie beim Ruf „Talita kum!", der uns in der Erzählung von Jaïrus' Tochter begegnet ist, wird durch dieses aramäische Einsprengsel ein Gefühl von Unmittelbarkeit geweckt – als ob wir dem Geschehen aus nächster Nähe beiwohnen könnten und das Wort uns zugesprochen würde: „Öffne dich! Komm aus deiner Verschlossenheit heraus! Öffne dich für Gottes Gegenwart!" Der Evangelist verdichtet diese Botschaft in einem einzigen Wort: „Effata!" Dass Jesus damit den Gehörlosen und nicht dessen Ohren adressiert, ist bemerkenswert. Nicht nur die Ohren sollen sich öffnen, sondern ein in sich verschlossener Mensch. Das Gehör des Mannes wird geheilt und seine Sprachfähigkeit wiederhergestellt. Doch findet er aus seinem Gefangensein in eine neue Beziehung zur Wirklichkeit Gottes, zu einem neuen Dasein?

Es bleibt offen, ob der Geheilte bereit ist, der Weisung Jesu entsprechend zu leben. Paradoxerweise gebietet Jesus dem einst Stummen zu schweigen. Doch kann und darf der Geheilte davon schweigen, wie er in die Welt der Sprache gefunden hat? Oder wird ihm lediglich nahegelegt, das Geheimnis nicht mit vielen Worten zu zerreden, sich nicht selbst zur Sensation zu machen und dadurch zu zerstreuen? Wer das Evangelium in den Händen hält, ist denen dankbar, die von dieser Heilung gesprochen haben. Aus ihrem Zeugnis spricht ein maßloses Erstaunen. Es ist nicht zu fassen: „Er hat alles gut gemacht!"

Staunen: Wenn Sinne und Geist sich weiten

Dieses Staunen begegnet uns auch im bereits zitierten Pilgerbericht Traugott Rosers: „Es geschahen Dinge, die ich als Wunder bezeichnen würde, als Camino-Wunder."[33] Nur wer selbst auf dem Weg ist und sich auf ihn einlässt, nimmt dieses Wunder wahr. „Aus der Ferne und im distanzierten Rückblick betrachtet, gibt es für all die wundersamen Erfahrungen auf dem Camino einfache, rationale und psychologische Erklärungen. Aber das ändert nichts daran, dass diejenigen, die sie mit eigenen Augen sahen, staunten, sich entsetzten oder sie eben als Wunder empfanden."[34]

Wo immer Heilung geschieht, ereignet sich ein kleines Wunder. Die Narben, die wir an unserem Körper tragen, erinnern an Heilungsgeschichten. Sie bringen uns nicht zum Staunen, weil wir es als selbstverständlich hinnehmen, dass Wunden verheilen. Die Heilkraft, die in uns wirkt, tut dies still und ohne unser Zutun, so dass wir ihr gewöhnlich kaum Beachtung schenken, obwohl wir ohne sie nicht mehr leben würden. Nur wenn eine Heilung wider alle Erwartung oder unter besonderen Umständen geschieht, wundern wir uns – darüber, dass die Wirklichkeit, in der wir leben, Möglichkeiten in sich trägt, die wir bisher nicht wahrgenommen haben.

Die neutestamentlichen Heilungserzählungen münden ins Staunen. Es soll auf diejenigen, für die sie geschrieben wurden, übergehen. Die Unfähigkeit, das Wunder der Gegenwart Gottes wahrzunehmen und zu preisen, ist die tieferliegende Not, die der Heilung bedarf. Im logotherapeutischen Wirken Jesu sind Verkündigung und Heilung miteinander verschränkt und aufeinander verwiesen. Die befreienden Worte und heilsamen Gesten führen Menschen, die unter vielfältigen Nöten leiden, aus einer in sich verschlossenen, möglichkeitsblinden Existenz in ein Leben, in dem sich das Staunen neu erschließt und unbemerkte Möglichkeitshorizonte aufgehen.

Welches Wunder sich einem eröffnet, wenn man aus der Dunkelheit einer in sich verschlossenen Welt plötzlich in die blendende Helle geteilter Sinnerfahrung hinaustritt, schildert Helen Keller (1880–1968) in ihrem Bericht über die Ereignisse des 3. März 1887, dem wichtigsten

Tag ihres Lebens. Durch eine Hirnhautentzündung verliert sie im Alter von einenhalb Jahren ihr Seh- und Hörvermögen und gerät in den darauffolgenden Jahren in eine Isolation, die sie zunehmend deprimiert, wütend und verzweifelt macht. Mit sieben Jahren lernt sie durch eine neue Lehrerin, Anne Sullivan, die Zeichen eines Fingeralphabets kennen. Sullivan lässt Helen einen bestimmten Gegenstand berühren und zeichnet dann dessen Namen in ihre Hand. Am besagten Tag führt sie das Mädchen in den Garten, lässt sie Wasser schöpfen und schreibt ihr das Wort „water" in die Hand, das zu Helens „Effata" wird:

„Mit einem Mal durchzuckte mich eine nebelhafte Erinnerung, ein Blitz des zurückkehrenden Denkens – und das Geheimnis der Sprache lag plötzlich offen vor mir. Ich wusste jetzt, dass ‚w-a-t-e-r' jenes wundervolle, kühle Etwas bedeutete, das über meine Hand strömte. Dieses lebendige Wort erweckte meine Seele zum Leben, spendete ihr Licht, Hoffnung, Freude und befreite sie von ihren Fesseln. Zwar waren ihr immer noch Schranken gesetzt, aber diese konnten mit der Zeit weggeräumt werden. Ich verließ den Brunnen voller Lernbegier. Jedes Ding hatte eine Bezeichnung, und jede Bezeichnung erzeugte einen neuen Gedanken. Als wir ins Haus zurückkehrten, schien mir jeder Gegenstand von verhaltenem Leben zu zittern. Das kam daher, dass ich alles mit den seltsamen neuen Augen, die ich erhalten hatte, betrachtete. Beim Betreten des Zimmers erinnerte ich mich an die Puppe, die ich zerschlagen hatte. Ich tastete mich zum Kamin, hob die Bruchstücke auf und suchte vergeblich, sie wieder zusammenzufügen. Da füllten sich meine Augen mit Tränen; ich verstand, was ich getan hatte, und zum ersten Mal in meinem Leben empfand ich Reue und Schmerz. Ich lernte an diesem

Tag viele neue Wörter […] – Wörter, die die Welt für mich erblühen ließen ‚wie Aarons Stab'. Es gab wohl kaum ein glücklicheres Kind als mich, als ich am Abend dieses ereignisvollen Tages in meinem Bettchen lag und noch einmal die Freude durchlebte, die mir zuteil geworden war. Zum ersten Mal in meinem Leben sehnte ich mich nach dem nächsten Morgen."[35]

„Siehst du etwas?"
Der Blinde von Betsaida (Mk 8,22–26)

Nach dem Aufenthalt im benachbarten Ausland kehrt Jesus in heimatliche Gefilde zurück und kommt nach Betsaida, dem Heimatort einiger seiner Jünger (Joh 1,44). Wiederum wird ein Mensch zu ihm gebracht, der in einer verdunkelten und verschlossenen Welt lebt:

Mk 8,22 Sie kamen nach Betsaida. Da brachte man einen Blinden zu Jesus und bat ihn, er möge ihn berühren. 23 Er nahm den Blinden bei der Hand, führte ihn vor das Dorf hinaus, bestrich seine Augen mit Speichel, legte ihm die Hände auf und fragte ihn: Siehst du etwas? 24 Der Mann blickte auf und sagte: Ich sehe Menschen; denn ich sehe etwas, das wie Bäume aussieht und umhergeht. 25 Da legte er ihm nochmals die Hände auf die Augen; nun sah der Mann deutlich. Er war wiederhergestellt und konnte alles ganz genau sehen. 26 Jesus schickte ihn nach Hause und sagte: Geh aber nicht in das Dorf hinein!

An dieser Heilung fällt das Prozesshafte auf. Es braucht mehrere Anläufe, bis die Wahrnehmung scharf ist. Das leib- und seelsorgliche Handeln, mit dem sich Jesus diesem ihm unvertrauten Menschen zuwendet, ist vielfältig. Wie bei der vorangegangenen Heilung sorgt er zunächst für geeignete Rahmenbedingungen. Jesus führt den sehbehinderten Mann aus seiner vertrauten, lärmigen Umgebung hinaus und bringt ihn an einen abgeschiedenen Ort, an dem eine andere, leisere Kommunikation möglich wird (Hos 2,14). Die heilsame Ruhe, die in anderen Erzählungen durch den Sabbat geschaffen wird, wird in dieser Erzählung durch eine Ortsveränderung hergestellt. Die erste Phase der Heilung geschieht äußerst behutsam. Von Jesus selbst an der Hand genommen, hat der Blinde Zeit, mit diesem vertraut zu werden, Vertrauen aufzubauen. Er wird schrittweise in eine hellere Welt hineingeführt.

An dem abgeschiedenen Ort angekommen, ist der Blinde gut vorbereitet für die nächsten Schritte. Die Qualität der Berührung intensiviert sich: Zuerst bestreicht Jesus die blinden Augen mit Speichel, dann legt er dem Heilungsbedürftigen die Hände auf. Auf die behutsamen Berührungen folgen nur wenige Worte. Die optische Feineinstellung, die Entwicklung einer neuen Sichtweise, geschieht, wie bei einem heutigen Optiker, dialogisch. Der Heilungsbedürftige sieht zunächst himmelwärts zu Jesus auf. Danach erblickt er seine Umgebung auf neuartige Weise. Wie die Gefangenen in Platons Höhlengleichnis sieht er sich bewegende Schatten. Das neue Sehen regt seine Fantasie, seine sprachliche Kreativität an: „Diese Menschen sehen ja aus, als wären sie herumspazierende Bäume!" Solch rudimentäres Sehen ist bereits ein beachtlicher Erfolg, doch dieser Augenarzt kann und will mehr. Nochmals legt er dem Blinden die Hände auf, bis sich dessen Blick gänzlich klärt. Dabei werden nicht allein die Augen, sondern die Person selbst „wiederhergestellt". Sie findet in eine lichterfüllte Lebensordnung, in der zu leben sie immer schon berufen war. Abgeschlossen ist damit die Therapie noch nicht: Jesus schickt den Geheilten am Ende in die Reha. Gleich wieder zurück in die vertraute Umgebung zu gehen, wäre heikel. Der neu gewonnene Blick könnte sich bei einer vorschnellen Rückkehr wieder trüben.

Während im geschilderten Heilungsgeschehen die heilsame Nähe *vor* der dialogischen Blickschärfung steht, dreht sich im Hören und Meditieren dieser Erzählung die Reihenfolge um: Im Sich-Einlassen auf die Welt dieser Erzählung wird unsere Sicht refiguriert, werden wir in eine unbemerkte Präsenz hineingenommen.

Recovery: „Ich sehe nicht Dunkel, ich sehe Licht"

Zu den Menschen, die mich mit seinen Worten heilsam berührten, gehört der Physio- und Musiktherapeut Wolfgang Fasser. Er beschenkte mich erstmals mit der Erfahrung, dass Menschen, die blind sind, uns oft intensiver wahrnehmen, als wir es von Sehenden gewohnt sind. In seiner Kindheit erkrankte er an Retinitis pigmentosa, die seine Sehfähigkeit zunehmend einschränkte. Die Krankheit und die Gewissheit, in absehbarer Zeit gänzlich zu erblinden, stürzte ihn in eine Krise: „Ich weiß noch, wie ich plötzlich vom Velo stieg oder die Lust am Fußballspielen verlor. Ich spürte eine bleierne Schwere bei allen Spielen, die Reaktionsvermögen, Körperbeherrschung und Schnelligkeit erforderten."[36]

In dieser Zeit fand in der Dorfkirche eine Hochzeit statt. Das Brautpaar warf, wie es üblich war, den spalierstehenden Kindern farbige Bonbons zu, die Feuersteine genannt wurden. Während die Kameraden viele Bonbons auffingen und einsammelten, blieb Wolfgang mit leeren Händen allein zurück.

„Ich hatte keine Eile, bewegte mich langsam. Jetzt, wo ich allein war, konnte ich in aller Ruhe und ganz genau um mich schauen. Wieder stand ich vor der Kirche, auf einer von Kastanienbäumen gesäumten Wiese. Ich ging über den Laubteppich und schob mit den Füssen sorgsam die einzelnen Blätter zur Seite … Und da lagen sie: drei Feuersteine, ein roter, ein grüner und ein blauer! Für meine Kameraden waren sie versteckt, für mich nicht. […] An diesem Tag wurde mir mit absoluter Klarheit bewusst, dass mein Leben anders sein würde. Das war ein sehr harter Moment. Und doch war ich nicht traurig. Ich hatte das Gefühl, als stehe jemand zärtlich neben mir. Es war die Erfahrung eines ganz tiefen Vertrauens, die unmittelbare Berührung mit etwas Höherem, und ich wusste, dass es dort auch Platz für mein Anderssein hatte."[37]

Als er kurz nach Lehrabschluss vollständig erblindet, erlebte Wolfgang dies wie eine Befreiung: „Es ist, als wäre ich von einer Last befreit." Der Abschiedsprozess war zu Ende, jetzt stand er am Anfang eines neuen Lebensabschnitts. Die paradoxe Erfahrung, die zur Grundlage seines therapeutischen Wirkens werden sollte, fasst er im Rückblick so zusammen: „Die entscheidende Wende vollzieht sich dann, wenn man begreift, dass es keine Niederlage ist, wenn man etwas nicht tun kann. Man ist nicht mit seiner Begrenzung identifiziert. Und wenn man ‚mit Schmerzen' wirklich akzeptiert, hat man schon einen Schritt auf dem richtigen Weg gemacht."[38]
Die Erblindung habe ihn mit existenziellen Fragen konfrontiert, die früher oder später jeder bearbeiten

müsse: „Meine Identität als Mensch soll sich nicht über meine Behinderung definieren, sondern über das, was ich bin, unabhängig davon, ob meine Augen funktionieren. Ich bin nicht ein Blinder, ich bin Wolfgang. Und es geht nicht darum, dass ich so lebe wie ein Sehender, sondern dass ich meine eigene Wahrnehmung in die Lebenswelt der Sehenden einbringe. [...] Mein Leben ist nicht auf das Sichtbare, sondern auf das Unsichtbare ausgerichtet."[39] Dem ehemaligen Primarschullehrer, der ihn, als er ihn ohne Brille sah, fragte, ob denn seine Augen geheilt seien, konnte er deshalb antworten: „Ja, es geht mir gut so."[40] Er sehe nicht Dunkel, sondern Licht.[41]

„Was willst du, dass ich dir tue?"
(Mk 10,46–52)[42]

Die Erzählung von Bartimäus ist die letzte Heilungs-geschichte, die Markus berichtet. Sie steht an einer Schar-nierstelle. In ihr begegnen wir Jesus auf der letzten Etappe seiner Pilgerfahrt nach Jerusalem, wo er wenige Tage spä-ter sein letztes Pessachfest feiern wird. Die Pilgergruppe ist schon drauf und dran, Jericho, die tiefstgelegene Stadt der Welt, zu verlassen und den Aufstieg nach Jerusalem unter die Füße zu nehmen. Da begegnet den Pilgern jemand, der auf dem Tiefpunkt seiner Existenz angekommen ist und sich ihnen schließlich anschließt. Selbst wenn diese Episode im Vorfeld der Passionsgeschichte angesiedelt ist, handelt sie von einer österlichen Erfahrung, vom Über-gang vom Tod zum Leben, vom Dunkel ins Licht. Im österlichen Ereignis, in das der blinde Bettler Bartimäus hineingenommen wird, erneuert sich der Übergang,

welcher das Pessachfest vergegenwärtigt: der Vorüber-
gang Gottes, das Aufleuchten einer göttlichen Präsenz,
die nicht festzuhalten ist.

*Mk 10,46 Sie kamen nach Jericho. Als er mit seinen Jüngern und
einer großen Menschenmenge Jericho wieder verließ, saß am Weg
ein blinder Bettler, Bartimäus, der Sohn des Timäus. 47 Sobald
er hörte, dass es Jesus von Nazaret war, rief er laut: Sohn Davids,
Jesus, hab Erbarmen mit mir! 48 Viele befahlen ihm zu schweigen. Er aber schrie noch viel lauter: Sohn Davids, hab Erbarmen
mit mir! 49 Jesus blieb stehen und sagte: Ruft ihn her! Sie riefen
den Blinden und sagten zu ihm: Hab nur Mut, steh auf, er ruft
dich. 50 Da warf er seinen Mantel weg, sprang auf und lief auf
Jesus zu. 51 Und Jesus fragte ihn: Was willst du, dass ich dir
tue? Der Blinde antwortete: Rabbuni, ich möchte sehen können.
52 Da sagte Jesus zu ihm: Geh! Dein Glaube hat dich gerettet.
Im gleichen Augenblick konnte er sehen und er folgte Jesus auf
seinem Weg nach.*

Der blinde Bettler, den die Pilger am Rande Jerichos
antreffen, erscheint als jemand, der von seinem Umfeld
auf seine Abstammung, auf seine Behinderung und auf
seinen sozialen Status reduziert wird. Vom Evangelisten
wird er als Sohn des Timäus (*Bar* heißt auf Aramäisch
Sohn), als Blinder und als Bettler eingeführt. Am Rand
der Gesellschaft fristet er eine kümmerliche Existenz. Das
Leben geht an ihm vorüber so wie all die Menschen, die
seinen zudringlichen Rufen ausweichen. Als die Jerusa-
lem-Pilger vorüberziehen, fällt in diese Dunkelheit ein
Lichtstrahl. Bartimäus ist gut informiert. Er hat schon
von diesem Heiler gehört, der da vorbeikommt, er kennt
seinen Namen und weiß um seine besonderen Kräfte. Die

Chance seines Lebens nähert sich ihm – und droht an ihm vorüberzugehen.

Das Licht, das ihm nahekommt, lässt den Bettler seine Not noch intensiver wahrnehmen. Würde er nicht zu sich und seiner Not stehen, würde er nicht mit aller Kraft zu rufen beginnen, wäre sein Schicksal endgültig besiegelt. Wie keiner sonst im ganzen Evangelium schreit er und spricht Jesus als Königssohn an. Der Blinde sieht mehr als alle anderen bislang gesehen haben.

Das Schreien des Bettlers ist lästig und ruft Unmut hervor: „Viele wurden ärgerlich und befahlen ihm zu schweigen", so wird uns berichtet. Was will dieser arme Schlucker von einem mittellosen Pilger? Es melden sich Gegenkräfte und Gegenstimmen, die sich der Heilung entgegenstellen. Doch sie bringen den Blinden, der um sein Leben schreit, nicht zum Schweigen. Im Gegenteil, er dreht auf und schreit noch lauter: „Sohn Davids, Jesus, erbarme dich meiner!"

Der Ruf ist mehrdeutig. Geht es Bartimäus um ein Almosen? Erst im weiteren Verlauf wird klar, dass er etwas anderes im Sinn hat: Er möchte ans Licht kommen, ist vollkommen ausgerichtet auf den Glanz, der ihn aus seiner Gefangenheit herausführen wird. In der Anrufung des Erbarmens Jesu bleibt er nicht bei seiner Not (*miseria*) stehen, sondern findet in der Ausrichtung auf Gottes Barmherzigkeit (*misericordia*) schrittweise aus seiner miserablen Situation heraus. Sein Rufen wird schließlich erhört. Es bringt Jesus dazu, innezuhalten und sich ihm zuzuwenden. Die lärmige Szene wird abgelöst durch eine plötzliche Ruhe, die von Spannung erfüllt ist: Was kommt nun? Wie verhält sich der Angerufene?

Jesus ruft Bartimäus zu sich, im Unterschied zu diesem jedoch so leise, dass er Vermittler braucht. Bartimäus wird aus seiner einsamen Existenz heraus- und in eine neue Gemeinschaft hineingerufen. Dass Jesus nicht zu ihm hingeht, erscheint als bedachter Entscheid. Es hat einen therapeutischen Sinn: Er holt den Blinden aus der Bettlerexistenz, aus der Passivität des armen Schluckers heraus. Um geheilt zu werden, muss Bartimäus selbst aufstehen und sich auf einen neuen Weg machen. Unterstützt wird er dabei von ermutigenden Stimmen. Sie antworten auf den Ruf Jesu und verstärken ihn: „Hab nur Mut, steh auf, er ruft dich!"

Die nächste Phase des Heilungswegs umfasst drei Schritte: Als Erstes wirft Bartimäus seinen Mantel fort. Damit lässt er hinter sich, was ihn bisher notdürftig umhüllte, gibt seine Schutzmechanismen preis, das Armutsgewand seines bisherigen Lebens. Daran schließt sich der zweite Schritt an: Bartimäus, der Sohn des Timäus, der keinen eigenen Namen zu haben scheint, steht auf, er wagt es, sich auf seine eigenen Füße zu stellen. Und schließlich macht der Blinde sich auf den Weg, läuft auf Jesus zu.

Als der Blinde endlich vor dem Pilger steht, kommt es zunächst zu einem klärenden Gespräch. Jesus will wissen, was Bartimäus bewegt, und gibt ihm die Gelegenheit, seine Sehnsucht zu artikulieren. Als Erstes bringt dieser zur Sprache, in welchem Verhältnis er sich zu dem vor ihm Stehenden sieht. Er spricht Jesus als „Rabbuni" an, als „mein Meister", so wie Maria Magdalena gemäß dem Johannesevangelium am Ostermorgen den Auferstandenen anredet (Joh 20,16). Noch bevor er geheilt wird, versteht sich Bartimäus damit als Jünger. Der blinde Bettler, der mit seinem Schreien allen auf die Nerven ging, zeigt sich plötzlich von einer äußerst respektvollen Seite. Bleibt er doch in dem, was er sagt, ganz bei seiner Sehnsucht, ohne etwas einzufordern. Er sagt nicht: „Mach, dass ich wieder sehen kann!", sondern belässt es beim schlichten Wunsch: „Ich möchte wieder sehen können."

Bartimäus kommt zum Licht der Welt. Das Erste, was er erblickt, ist das ihm zugewandte Gesicht Christi. Dieses Schauen und Angeschautwerden ist läuternd. Die Heilung, die nur diskret angedeutet wird, schreibt Jesus nicht sich, sondern dem Vertrauen des Bartimäus zu. Doch ohne den beharrlichen Ruf nach Erbarmen wäre dieser nicht zum Licht, zu einer neuen Sicht gekommen. Jesus schickt ihn auf den Weg, ohne diesen näher festzulegen: „Geh!" Aus freien Stücken entscheidet sich Bartimäus, in die Lebens- und Liebesgemeinschaft Jesu einzutreten. Den Mantel, der immer noch auf der Straße liegt, dürfte er zurückgelassen haben.

Lichtfülle: Die Kraft des Visionären

Das therapeutische Wirken Jesu gründet in der Überzeugung, in einer Zeit zu leben, in der die Wirklichkeit Gottes sich auf neue und heilsame Weise erschließt. Die inspirative Grundlage für diese Lebensvision findet sich beim Propheten Jesaja vorgezeichnet: „Der Geist des Herrn ruht auf mir; denn er hat mich gesalbt. Er hat mich gesandt, damit ich den Armen eine frohe Botschaft bringe; damit ich den Gefangenen die Entlassung verkünde und den Blinden das Augenlicht; damit ich die Zerschlagenen in Freiheit setze und ein Gnadenjahr des Herrn ausrufe" (Jes 61,1f.; Lk 3,18f.). Im Leben all jener, die sich in Bartimäus und dem sehbehinderten Mann aus Betsaida wiederfinden, beginnt diese prophetische Vision wirklich zu werden. Dass es Menschen geschenkt wird, die Wirklichkeit und sich selbst neu sehen zu lernen, ist die Urgeschichte des Christwerdens.

Die Heilung des Bartimäus lenkt, wie die neutestamentlichen Heilungserzählungen überhaupt, die Aufmerksamkeit auf die therapeutische Kraft des Visionären. Diese zeigt sich in außeralltäglichen Erlebnisformen ebenso wie in lebensorientierenden Leitbildern. Wenn Menschen durch Krankheit oder Unfälle aus ihrem bisherigen Leben gerissen werden, ist es Teil des therapeutischen Prozesses, zu einer neuen Lebensvision zu finden. Wer dies schlicht als geistige Neuorientierung bezeichnet, sollte nicht übersehen, dass eine solche sich leibsinnlich vermittelt und verwirklicht.

Besonders deutlich zeigt sich die therapeutische Kraft des Visionären dort, wo dieses sich in außeralltäglichen Erlebnisformen manifestiert, in visionären Träumen, Wachvisionen oder Nahtoderfahrungen.[43] Ein Beispiel dafür ist die visionäre Erfahrung, die Jacques Lusseyran (1924–1971) im KZ Buchenwald geschenkt wurde. Lusseyran erblindete mit acht Jahren bei einem Unfall. Wie Wolfgang Fasser entdeckte er eine andere Art der Wahrnehmung: „Ich begann, mehr aus der Nähe zu schauen. Aber nicht an die Dinge ging ich näher heran, sondern an mich selbst. Anstatt mich hartnäckig an die Bewegung des Auges, das nach außen blickte, zu klammern, schaute ich nunmehr von innen auf mein Inneres. […] Ich sah, wie von einer Stelle, die ich nicht kannte und die ebensogut außerhalb meiner wie in mir liegen mochte, eine Ausstrahlung ausging, oder genauer: ein Licht – das Licht. Das Licht war da, das stand fest."[44]

Lusseyran lernte mit seiner Behinderung zu leben, litt jedoch zeitlebens unter der sekundären Behinderung durch eine diskriminierende Gesetzgebung, die ihm aufgrund seiner Blindheit eine universitäre Anstellung in Frankreich versperrte. Während der Besatzung von Paris durch die Nazis engagierte er sich in einer christlich inspirierten Jugendgruppe der Résistance. 1943 wurde er verhaftet und nach Buchenwald verschleppt, wo er schwer erkrankte. Nach einem schmerzhaften Todeskampf erfuhr sich Lusseyran in eine lichtvolle Welt hineingeführt:

„Aus der Tiefe meines Erstaunens stammelte ich Namen, oder nein, ich sprach sie sicher nicht aus, sie erklangen von selbst: ‚Vorsehung, Schutzengel, Jesus Christus, Gott.' Ich versuchte nicht, nachzudenken. Für Metaphysik war noch viel Zeit! Ich sog an der Quelle. Und dann trank ich, noch und noch! Diesen himmlischen Fluß wollte ich nicht lassen! Ich erkannte ihn übrigens gut wieder. Er war bereits einmal zu mir gekommen, gleich nach meinem Unfall, als ich gemerkt hatte, daß ich blind war. Es war dasselbe, stets dasselbe: *das* Leben, das mein Leben schützte. Der Herr hatte Mitleid mit dem armen Kerl, den er hier so hilflos liegen sah. Es ist wahr: Ich konnte mir nicht selbst helfen. Niemand kann sich selbst helfen, ich wusste es jetzt. Die SS, all die, die Macht besaßen, auch nicht. Das ließ mich lächeln. Aber es gab da etwas, das an mir lag: die Hilfe des Herrn nicht zurückzuweisen. Diesen Hauch, mit dem er mich übergoß. Es war der einzige Kampf, den ich zu führen hatte – ein schwerer und wunderbarer Kampf zugleich. Ich durfte nicht zulassen, daß die Angst meinen Körper überfiel. Denn Angst tötet, Freude aber schenkt Leben. Ich lebte langsam wieder auf. […] Am 8. Mai verließ ich das Revier auf meinen zwei Beinen. Ich war vom Fleisch gefallen, war verstört, aber ich war gesund. Ich war außerdem so glücklich, daß mir Buchenwald ein annehmbarer oder zumindest möglicher Ort schien. […] Ich konnte endlich den anderen helfen. Nicht immer, nicht viel, doch auf meine Weise konnte ich ihnen helfen. Ich konnte ihnen zu zeigen versuchen, wie man am Leben bleibt. Ich barg in mir eine solche Fülle an Licht und Freude, daß davon auf sie überfloss. […] Man weckte mich oft bei Nacht und führte mich – manchmal recht weit – in einen anderen Block, damit ich einen anderen tröste.“[45]

Die Lichterfahrung, die Jacques Lusseyran im KZ Buchenwald überraschte, änderte nichts an seiner physischen Blindheit. Doch führte sie zu einer tiefgreifenden Veränderung. Sie ließ ihn nicht nur gesunden, sondern befähigte ihn dazu, sich selbstlos für andere einzusetzen. Die Kraft, die ihn heilte, floss auf andere über. So überraschend diese Erfahrung für ihn war, sie knüpfte an eine frühere an: Unmittelbar nach seiner Erblindung war Lusseyran diesem schützenden und belebenden Licht schon einmal begegnet. Schon damals hatte es in ihm das Gefühl geweckt, „neu geboren worden zu sein“[46], und ihm einen moralischen Kompass gegeben, der ihn darauf aufmerksam machte, dass Vertrauen ihn für dieses Licht öffnete, während Angst, Ärger und Ungeduld seine Wahrnehmung trübten: „Ich hatte nur auf das große Lichtsignal zu sehen, das mich lehrte zu leben.“[47]

Ausklang

Biblische Heilungsgeschichten sind Wirklichkeitserzählungen.[48] Sie erzählen von einer Realität, die am Kommen ist: der Wirklichkeit des Möglichen, vom Hell- und Heilwerden des Lebens. Was sie vergegenwärtigen, ist nicht vergangen, sondern eine Tiefendimension des Lebens, die darauf wartet, entdeckt zu werden. Sie öffnen die Augen für verheißungsvolle Neuanfänge, für unerwartete Öffnungen und heilsame Begegnungen.

Wer verstehen will, wovon diese Texte sprechen, braucht Geduld und Muße. Wer diese aufbringt, wird in ein stilles Wunder eingeweiht. Dass der Heiler am Ende selbst zu Tode kommt, ist für das Verständnis seiner therapeutischen Wirksamkeit bedeutsam. Nicht die Wiedererlangung von Lebensmöglichkeiten, die durch Krankheit oder Behinderung verlorengingen, sind das Wunder, das diese Erzählungen bezeugen, sondern das neue Leben, das durch die Berührung mit der heilsamen Gegenwart Gottes zugänglich wird.[49]

Heutige Leserinnen und Leser werden durch die Erzählungen, denen sich das vorliegende Buch widmet, zweifach erreicht: als Heilungsbedürftige und als Menschen, die auf vielfältige Weisen mitwirken dürfen am christlichen Heilungs-, Sorge- und Pflegeauftrag. Er verwirklicht sich dort, wo wir aus dem Vertrauen in die heilsame Gegenwart des Auferstandenen kranke, behinderte, sterbende und trauernde Menschen unterstützen und uns für eine humane Gesundheitsversorgung einsetzen. Wer sich auf den christlichen Heilungsauftrag einlässt, wird früher oder später bemerken, dass er von einer eigentümlichen Spannung geprägt ist. Einerseits gilt: Gottes Kraft vermittelt sich durch viele und vielfältige Medien, durch Hightech-Medizin ebenso wie durch Hightouch-Pflege, durch professionelle Seelsorge ebenso wie durch Nachbarschaftshilfe, Heilungsgottesdienste und anderes mehr.

Andererseits fällt an den neutestamentlichen Heilungserzählungen gerade die Reduktion der Vermittlungen – der therapeutischen Re-medien – auf: Es ist die unmittelbare Präsenz dieses Christus, sein aufrichtendes WORT, was aus der dunklen Welt von Krankheit, Todesnähe, psychischer Belastung und sozialer Marginalisierung herausführt. Wenn in diesem Buch Letzteres stärker betont wurde, dann folgt es der Akzentuierung der Evangelien und dem gewählten kontemplativen Zugang. Heilmittel sind wichtig, doch dienen sie auch wie die qualifizierte Ruhe des Sabbats dazu, vernebelnde und verneinende Kräfte zu neutralisieren und eine verschüttete Gottunmittelbarkeit neu zugänglich zu machen.

Biblische Heilungsgeschichten berichten davon, was geschieht, wenn Menschen sich auf das Licht einlassen, das durch diese Erzählungen bezeugt und vermittelt wird. Heilung geschieht in der Begegnung mit dem LOGOS, der zu uns spricht – in der kreativen Ruhe des Sabbats, in resonanzreichen Räumen der Stille, jenseits von lärmigen und großmächtigen Stimmen, im Staunen über eine neue Wirklichkeit, die am Werden ist.

Danksagung

Dieses Buch verdankt sich dem Resonanzraum kontemplativer Exerzitien. Ich danke allen, die zu diesem Resonanzraum beigetragen haben: den Teilnehmer:innen und im Besonderen meiner Frau Dr. Ingeborg Peng-Keller, ohne die diese Kurse nicht stattfinden würden und der dieses Buch wesentliche Anregungen verdankt! Prof. Dr. David Neuhold danke ich sehr herzlich für eine wiederholte Durchsicht des Manuskripts und wertvolle Hinweise zu seiner Verbesserung. Nicht zuletzt danke ich auch Prof. Dr. Stefan Krauter für so manche exegetische Einsicht, die ich im Rahmen eines gemeinsamen Seminars zum Thema dieses Buchs erhalten durfte.

Zürich, 1. Mai 2023

Anmerkungen

Die Schrifttexte werden zitiert nach der revidierten Einheitsübersetzung von 2016.

1 Da ich Letzterem bereits anderswo nachgegangen bin (vgl. Simon Peng-Keller, Klinikseelsorge als spezialisierte Spiritual Care. Der christliche Heilungsauftrag im Horizont globaler Gesundheit, Göttingen 2021), konzentriere ich mich in diesem Buch auf Ersteres.

2 „Stimmenhörer" ist eine nicht-stigmatisierende Selbstbezeichnung von Menschen, die in psychiatrischer Terminologie als Personen mit einer psychotischen Störung beschrieben werden, vgl. John Swinton, Finding Jesus in the storm. The spiritual lives of Christians with mental health challenges, London 2020.

3 Martin Wendte, Hauptsache gesund! Jesus, Corona und die Gesundheitsgesellschaft, Leipzig 2021, 91.

4 Johannes Cassian, Gespräche mit Abba Isaak über das Gebet/Collationes patrum 9–10. Hg. nach der Übers. v. Karl Kohlhund u. Gregor Emmenegger, Nordenstedt 2009, 12f. (Collatio 9,6).

5 Vgl. Lev 15.

6 Brigitte Boothe, Urvertrauen und elterliche Praxis, in: Ingolf U. Dalferth und Simon Peng-Keller (Hg.), Grundvertrauen. Hermeneutik eines Grenzphänomens, Leipzig 2013, 67–86.

7 Karl Jaspers, Vom Ursprung und Ziel der Geschichte, München 1983 (Erstausgabe: Frankfurt a. M./Hamburg 1955).

8 Teresa von Ávila, Wohnungen der Inneren Burg. Gesammelte Werke: Bd. 4. Herausgegeben, übersetzt und eingeleitet von Ulrich Dobhan und Elisabeth Peeters, Freiburg i. Br. 2005, 100 (1,14).

9 Traugott Roser, ¡Hola! bei Kilometer 410. Mit allen Sinnen auf dem Jakobsweg, Göttingen 2021, 205.

10 A. a. O.

11 Vgl. Simon Peng-Keller, Auferstehungslicht. Der ikonografische Weg von Josua Boesch, Zürich 2022.

12 Josua Boesch, via ressurectionis – Auferstehungsweg. Im Heute Gottes leben, Zürich 2022.

13 Josua Boesch, Morgendämmerung. Tagebuch einer Wandlung, Oberegg 1995, 8.

14 A. a. O. 9.

15 Wendte, Hauptsache gesund (s. Anm. 3), 99f.

16 So die Deutung von Musa Dube, Markus 5,21–43 in vier Lektüren. Narrative Analyse – postcolonial criticism – feministische Exegese – HIV/AIDS, in: Zeitschrift für Neues Testament 17 (2014) 12–23.

17 A. a. O. 15.

18 A. a. O.

19 A. a. O. 13.

20 Rachel Naomi Remen, Kitchen Table Wisdom. Stories that heal, New York 2006, 178f.

21 A. a. O. 277f.

22 Der Schriftsteller Hanns-Josef Ortheil und die Religion – Die Welt von innen durchdringen (deutschlandfunk.de) (30.11.2021).

23 Hanns-Josef Ortheil, Der Stift und das Papier. Roman einer Passion, München 2017, 382.

24 Laacher Forum: Hanns-Josef Ortheil sprach über ganz persönliche Glaubensmomente (04.05.2015).

25 Tanja M. Luhrmann, Ramachandran Padmavati, Hema Tharoor, Akwasi Osei, Differences in voice-hearing experiences of people with psychosis in the U.S.A., India and Ghana. Interview-based study, in: British Journal of Psychiatry 206 (2015) 41–44.

26 Vgl. Swinton, Finding Jesus in the storm (s. Anm. 2).

27 A.a.O. 155.

28 Marion Muller-Colard, Als mir das Licht unerträglich wurde. Auf dem Weg zu einem anderen Gott, Zürich 2019, 34f.

29 A.a.O. 85.

30 A.a.O. 82.

31 A.a.O. 83.

32 A.a.O. 91.

33 Roser, ¡Hola! bei Kilometer 410 (s. Anm. 9), 204.

34 A.a.O. 206.

35 Helen Keller, Mein Weg aus dem Dunkel, Bern/München/Wien 1994, 32f.

36 Wolfgang Fasser und Massimo Orlandi, Jenseits der Grenzen. Übers. aus dem Italienischen von Brigitta Schiltknecht, Konstanz 2012, 18.

37 A.a.O. 19.

38 A.a.O. 28.

39 A.a.O. 37–40.

40 A.a.O. 30.

41 A.a.O. 9.

42 Ich greife im Folgenden zurück auf: Simon Peng-Keller, Überhelle Präsenz. Kontemplation als Gabe, Praxis und Lebensform, Würzburg 2019, 119–122.

43 Vgl. Simon Peng-Keller, Sinnereignisse in Todesnähe. Traum- und Wachvisionen Sterbender und Nahtoderfahrungen im Horizont von Spiritual Care, Berlin 2017.

44 Jacques Lusseyran, Das wiedergefundene Licht. Die Lebensgeschichte eines Blinden im französischen Widerstand, München 1989, 18.

45 A.a.O. 219f.

46 A.a.O. 20.

47 A.a.O. 21.

48 Vgl. Ruben Zimmermann, Frühchristliche Wundererzählungen: eine Hinführung, in: ders. (Hg.), Kompendium der frühchristlichen Wundererzählungen. Bd. 1. Die Wunder Jesu, Gütersloh 2013, 5–67, hier 40: „Die Wundererzählungen werden im Neuen Testament nicht weitererzählt, um die Vergangenheit wegzurücken oder theologisch zu überhöhen, sondern um sie als gegenwärtig relevant zu erweisen. Wirklichkeitserzählungen sind deshalb mehr als Tatsachenberichte."

49 Diese Formulierung ist inspiriert durch John Swinton, Finding Jesus in the storm (s. Anm. 2), 206: „Health is not the *absence* of anything; it is the *presence* of God."